NOS

FEMMES

ÉTUDES CONTEMPORAINES

PAR UNE INSTITUTRICE

PARIS
MONNERAT, LIBRAIRE-ÉDITEUR
48, Rue de Lille

1889

NOS

FEMMES

ÉTUDES CONTEMPORAINES

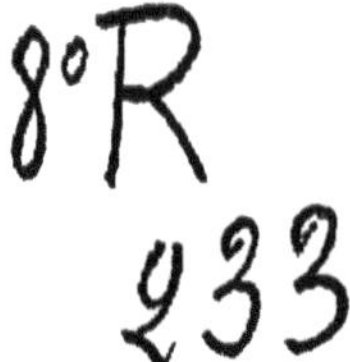

MOULINS. — IMPRIMERIE FUDEZ FRÈRES

NOS

FEMMES

ÉTUDES CONTEMPORAINES

PAR UNE INSTITUTRICE

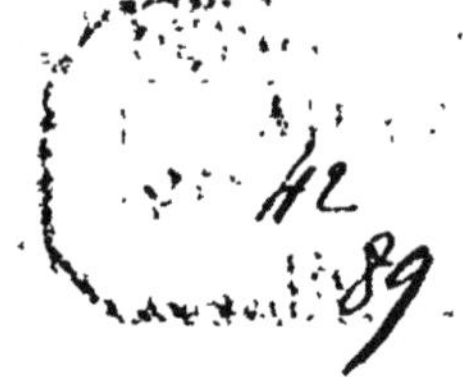

PARIS

MONNERAT, LIBRAIRE-ÉDITEUR

48, Rue de Lille

1889

AVANT-PROPOS

Privée momentanément de toute société dans un poste reculé de l'Allier, l'auteur n'a pas trouvé de moyen plus efficace pour oublier sa solitude et récréer sa pensée, que de faire appel à ses souvenirs en laissant parler son expérience et son cœur.

Ceci est donc tout à la fois œuvre de délassement et de sympathie. Diverses circonstances en ont retardé la publication, projetée il y a deux ans.

Le vœu de celle qui a écrit ces lignes sera réalisé, si ce modeste travail contribue à fortifier, chez quelques-unes de ses compatriotes, l'amour du devoir, invinciblement lié pour elle à l'amour et à l'honneur de la Patrie.

M....., septembre 1888.

I

NOS FEMMES

La femme a une grande influence sur la société ; quelqu'un a dit que c'était elle qui lui donnait, à chaque époque, sa physionomie particulière, et cette idée est juste et vraie.

Si nous remontons le cours des siècles, nous verrons, surtout en France, quel rôle ont joué les femmes dans les annales de notre histoire. Aujourd'hui, on ne les voit plus mêlées aux questions belliqueuses ou politiques, mais elles n'en sont pas moins à l'œuvre. Essayons, en ce court aperçu, de les suivre dans leur situation respective.

La femme française, c'est un fait depuis longtemps reconnu, a un double talent : elle sait se servir de ce qu'elle possède et met les autres en demeure de se servir de ce qu'ils ont, et cela avec une grâce, un savoir faire, que peuvent lui envier ses voisins d'Outre-Manche ou d'Outre-Rhin, mais qui ne le lui prendront pas.

Je les connais les unes et les autres, et les ai étudiées d'assez près pour me permettre cette remarque. Avant la guerre, j'eus l'occasion de séjourner quelque temps dans une ville d'Allemagne, et je me souviens de quels égards on entourait une jeune française, bien élevée assurément, mais qu'on ne pouvait appeler une femme distinguée. Sa conversation, ses manières, sa personne elle-même sans être jolie, tout captivait : c'était une Française.

Non loin, dans une famille que je voyais beaucoup, se trouvait une jeune miss, et le hasard voulut que l'une et l'autre vinssent à une soirée où j'étais aussi. Mon hôtesse me rapporta maintes choses flatteuses qui avaient été dites à l'avantage de ma compatriote, mise dans cette occasion en parallèle avec la jeune Anglaise. On lui trouvait d'abord une simplicité du meilleur goût; du solide (ce sont ses propres paroles), se remarquait en elle comme sur elle, tandis que l'autre disparaissait sous ses papillotes, ses hochets; elle en paraissait embarrassée.

Je goûtais fort cette approbation féminine, venant d'ailleurs d'une société de choix; toutes femmes instruites, et dont plus d'une connaissait parfaitement notre capitale.

Il me souvient aussi, que plus d'une fois on suggéra que j'étais une Allemande déguisée. Sans doute, chacun s'étonnait, qu'étant là un peu en amateur, je me contentasse de ce que m'offraient les cercles intimes où j'étais introduite, sans plus goûter ou les bals ou les théâtres. Ce que je trouvais dans les relations ordinaires me suffisait parfaitement, et je jouissais énormément de la vie intellectuelle intense chez eux, même parmi les femmes.

Que ferais-je de vous? me disait l'excellente personne dont je recevais l'hospitalité. La rassurer ne fut ni long ni difficile. Toutefois, elle eût de la peine à se faire à l'idée qu'une Française pût se priver de se divertir largement : j'étais une exception, elle me le redit vingt fois.

Qui donc m'avait précédée, et s'était chargé de préparer cette réputation à la femme française? Je l'ignore; à moins que ce ne soit ici le cas de rappeler cette vieille remarque: On juge les autres d'après soi-même.

Les étrangères qui viennent chez nous ne se font pas faute de s'en donner à satisfaction; voilà pourquoi elles s'attendent à nous voir faire de même. Pour ma part, je ne comprends pas qu'un séjour en pays étranger puisse développer l'amour des plaisirs, le besoin de jouissances. Il est impossible, une fois qu'on a quitté le sol de la France, de n'être pas saisi d'une certaine mélancolie qui vous suit partout. On peut jouir, profiter, acquérir, se faire un fond de connaissances, d'appréciations utiles; mais se laisser aller à cette joie si douce au milieu des siens, condition qui seule la fait épanouir sans contrainte, c'est impossible dans un cercle étranger, sous un ciel étranger. Ce sentiment qui vous poursuit comme un fantôme vous étreint et vous enlace : on est là, mais la pensée vit dans le lointain et cherche ceux qu'elle aime.

N'est-ce pas ce que nous avons toutes éprouvé? J'en appelle à celles qui ont connu quelque temps cette sorte d'exil : ou je me trompe fort, ou je viens de dire ce que bien d'autres ont dit avant moi.

Puisque j'ai été amenée sur ce terrain, j'ajouterai que nous, Françaises, ne sommes pas faites pour la vie errante. Avec quelle facilité nos voisines atterrissent chez nous; le nombre est bien moins grand de nos compatriotes qui passent chez elles. Serait-ce un peu l'effet de la peur ? Je ne crois pas. Nous avons l'esprit moins aventureux, voilà tout; il nous faut la certitude pour avancer.

Cet esprit de circonspection se retrouve aussi dans les relations sociales, pour ne parler ici que de la femme bien élevée. Elle est plus impénétrable, plus discrète avec tact, plus réservée. Elle sait régner, si elle veut, et pourtant elle obéit avec grâce. Comme sa perspicacité prévoit et devine de choses ! Sa clairvoyance a été plus d'une fois le talisman des siens.

Je n'ose pas dire ici tout le bien que j'en pense, on m'accuserait peut-être de partialité; mais il m'échappe d'ajouter que l'homme est inexcusable quand il se trompe dans son choix. Jamais, une femme de mérite réel, ne donnera prise aux premières avances d'un soupirant; elle sera même le plus souvent d'un abord difficile, plus que froide, indifférente ; ce qui dépite le plus l'homme, il paraît, Hâtons-nous d'ajouter que ce n'est point dans l'intention de l'exaspérer qu'elle agit ainsi ; non, mais par pure dignité, par honneur. Elle ne condescendrait pas à laisser voir, lors même que ses secrets désirs l'y pousseraient, une inclination quelconque. La femme qui sent ce qu'elle vaut, veut être d'abord recherchée pour elle-même ; et elle n'accordera son estime et sa confiance qu'à celui qui, par sa délicatesse, son respect, l'étudie et se laisse étudier, lui donnant loyalement le temps de le connaître.

On est facile maintenant à marier; bien sûr, on n'était pas si pressé autrefois. Un an ne paraissait pas un trop long stage, ni aux mères ni aux filles, pour suivre de près celui qui devait plus tard faire partie de la famille; elles l'y habituaient ainsi peu à peu, de sorte que la transition devenait à peine sensible. La confiance mutuelle une fois bien assise, chacun ne se trouvait que plus à son aise à sa place respective.

On dirait de notre temps, que les jeunes filles ont peur de rester sans mari. Je crois, en effet, que beaucoup en ont grand peur, à voir la précipitation qu'on met à finir un mariage.

Après cela, qu'on vienne dire qu'il y a des incomptabilités d'humeur en nombre dans la vie conjugale; le contraire surprendrait moins. On a attelé au char de la vie, deux êtres qui ne se sont pas même demandés s'ils étaient de taille pour marcher côte à côte; le désordre s'en suit; car, si l'un tire à droite, l'autre à gauche, ce qui est souvent le cas, comment voulez-vous que le véhicule marche ?

Ah ! si j'étais femme à choisir, je me ferais davantage prier ou plutôt mieux apprécier. Je voudrais que celui qui m'honore de son choix se trouve honoré lui-même par la difficulté qu'il aurait à m'obtenir, et cela sans vaine affectation, mais par respect pour lui aussi bien que pour moi. Car, est-ce un marché à faire, ou une union à former ? C'est bien une union assurément ; et qui dit union, dit convenance d'une chose à l'autre, adaptation, fusion, de sorte qu'on distingue à peine entre le tout et ses parties.

Les femmes ont une grande responsabilité à cet égard; car si la réserve n'est pas de leur côté, elle ne peut être de l'autre, dont le zèle à poursuivre son but pour l'atteindre au plus vite est d'ailleurs regardé comme de bon ton.

Ne vous plaignez donc pas, vous qui n'avez pas su rester dans les limites que la réserve imposait à votre sexe. Au lieu de prêter une main imprudente à celui avec qui vous êtes liées, il fallait d'abord mettre les pouces comme on dit et garder du terrain; vous vous en seriez bien trouvées. Maintenant votre idéal a peut-être baissé, vous voilà tristes et mécontentes. Ne jetez pas aux autres la première pierre. Dites-vous bien, et c'est là le parti le plus sage qu'il reste à prendre, que vous êtes les plus responsables en ceci.

Qui sait, si le compagnon de votre route ne fait pas, à part lui, les mêmes réflexions? s'il ne vous voit pas maintenant sous un jour différent quoique plus réel?

Mais, tout n'est pas perdu. Cet idéal auquel vous aspirez et que vous croyiez tenir, n'y renoncez pas si vite; il peut encore être reformé ou préparé par vous. Avec le fond de ressources que possède toute femme, vous avez peut-être assez de puissance pour idéaliser votre idéal, si je puis ainsi dire. Pour cela, que faut-il? Rester toujours douces, caressantes, prévenantes, sans obsession; surtout polies et respectueuses. Vous verrez alors si certaines rugosités de caractère ne s'useront pas, ne disparaîtront pas peu à peu, et si, enfin de compte, cet effort sur vous-même pour vous maintenir au niveau d'une femme irréprochable et dévouée, ne vous aura pas enrichie de ce quelque chose qui vous eût manqué sans ce travail intérieur; travail bienfaisant et salutaire qui embellit et rehausse la vie et la ramène à son vrai but : l'effort pour nous vaincre et devenir meilleur.

Ah ! n'abandonnez pas cette noble ambition de vouloir être heureuses et d'y vouloir les autres avec vous : c'est la plus haute, la plus sainte des ambitions. Celle-là ne vous conduira jamais aux déceptions douloureuses, aux cuisants regrets. Non, elle ouvrira votre chemin, l'éclairera, le sèmera de fleurs et de fruits; car il est impossible que ce qui se répand avec amour, avec tout son cœur, ne donne pas une abondante moisson.

Courage ! Dans le chemin du devoir ne laissons pas nos mains inactives, nos cœurs se dessécher : agissons. La France attend de nous une grande œuvre : son relèvement. C'est au foyer, au cœur de la famille qu'il doit commencer.

Que les femmes s'attachent leurs maris et les aiment, lors même qu'ils ne sont point parfaits. Qu'elles les suivent avec sollicitude sans se rendre importunes et secondent leurs efforts dans la lutte quotidienne, les éclairant par la persuasion, la tendresse, lorsqu'elles voient qu'ils se trompent. Qu'elles leur préparent un accueil riant et joyeux dans leur intérieur, où ils viennent déposer un moment le pesant fardeau des affaires ou changer l'air malsain de l'atelier. Que ce soit pour eux un doux nid qu'ils regrettent de quitter chaque fois que l'heure les rappelle.

Qu'elles aiment aussi leurs fils, et restent pour eux les plus aimables des compagnes, jusqu'au jour où ils leur diront qu'ils ont trouvé la femme de leur choix, sans les perdre de vue un instant.

Que de regrets, d'écarts, une mère vigilante peut épargner, peut prévenir. Les jeunes gens ont besoin aussi d'être aimés, on l'oublie peut-être trop. Travaillons à les préparer de bonne heure à leurs devoirs futurs, sans oublier de leur rappeler ce que la Patrie attend d'eux, et qu'il leur importe surtout d'acquérir ces vertus civiques qui seules font le vrai citoyen, le vrai patriote.

Ce qui vient d'être dit peut s'appliquer à la femme en général. Parlons maintenant un peu de la jeune femme.

Toutes, nous connaissons ce joli mot de Lamennais où il nous compare à la fleur qui ne donne son parfum qu'à l'ombre. Si cela est vrai de beaucoup, il est, nous le savons, de trop nombreuses exceptions à cette humilité, cette modestie qui se cache, pour que nous nous emparions de ce jugement aimable et indulgent et bâtir dessus nos hypothèses. Non, malheureusement, la femme n'est pas toujours ainsi en relation directe avec son sexe, qui lui impose une retenue, une réserve, dont elle ne doit point se départir et qui sied si bien à sa nature; elle oublie souvent que sa place est surtout, là où elle sera le moins en évidence.

On a déjà dit pas mal de la jeune fille moderne, nous-mêmes y reviendrons un peu plus loin. Celle qui la précède, la jeune femme, a-t-elle complètement rompu avec ses seize ou dix-huit ans ?

Tout fait craindre que non. Et, ce qui peut paraître étrange mais qui est passé dans nos mœurs françaises, s'il s'agit d'élégance, la femme mariée renchérit sur la jeune demoiselle; et avec une telle ostentation parfois, qu'on serait tenté de croire qu'elle lui fait concurrence.

Porter de beaux habits, de riches habits si l'on peut, personne n'y voit de mal; cependant comme tout ce qui s'observe s'impose à l'analyse, cette déduction tout naturellement aussi s'impose : Pourquoi cette recherche si soignée, exagérée presque de la nouvelle mariée? A-t-elle vraiment besoin pour avancer dans les bonnes grâces de son époux, d'être mise sur le dernier ton? Ou bien, est-ce une gajeure entre les jeunes femmes? Le moyen peut-être de faire connaître sa dot ou de quelle position on a été favorisée?

Je ne m'explique pas trop cela. Toujours est-il que cette manière de faire a une raison d'être. On le fait, parce que d'autres le font; mais celles qui ont commencé, à quel mobile ont-elles obéi? Car il ne faut pas chercher bien minutieusement pour deviner que la vanité a présidé à cette nouvelle façon d'agir.

Si, revenant à ma première supposition, la femme croit trouver dans sa mise un utile auxillaire auprès du monde pour en être admirée ou enviée, ou encore près de son mari pour se l'attacher, il est fort à craindre que sous cette coquetterie, de bon goût si vous voulez, se cache un fond bien superficiel, une âme où le sentiment n'a pas la place qu'il devrait occuper.

C'est plus fort que moi, mais je trouve par trop

puériles ces préoccupations de toilettes qui courent aujourd'hui tous les rangs de la société. Qui ne voit que c'est au détriment de l'être intérieur, lequel ne se nourrit pas de ces vaines pensées. Je ne m'attaque pas à la chose, bonne en soi, car rien ne sied mieux à la jeunesse qu'une mise fraîche et gracieuse, mais au temps que l'on y consacre.

Que penser d'une jeune maîtresse de maison, qui passera des après-midi tout entières à aller de chez le coiffeur, chez la modiste, puis de là chez la tailleuse et ainsi de suite? Elle me fait vraiment l'effet de jouer à la poupée! Son mari, bon enfant, flatté de sa bonne tournure, dira peut-être qu'elle est adorable avec telle coiffure ou telle nouveauté. Et ce sont des fantaisies à n'en plus finir : Mme X... avait telle parure; as-tu remarqué comme cela fait bien? Ce n'est qu'une bagatelle, vingt, vingt-cinq francs; lui, trop perspicace pour ne pas comprendre l'insinuation, ne saurait refuser : il achète; il cédera une deuxième une troisième fois et les dépenses folles vont leur train.

Je me le demande, cela remplit-il son cœur? De telles puérilités développeront-elles en eux ces tendres et doux rapports, qui font qu'on apprend peu à peu à s'appuyer l'un sur l'autre dans les bons et les mauvais jours.

J'ai toujours cru que c'était chose difficile et rare de fixer l'attention d'un homme sérieux. N'est-il pas surprenant que la femme aujourd'hui veuille et brigue davantage? Les seules attentions de son mari ne lui suffiraient-elles pas? Il doit être si importun de se voir courtisée même innocemment quand on est mariée. Que penser aussi d'un mari qui s'y prête et tienne à ce que sa femme soit remarquée?

C'est un de ces non-sens dont notre époque a le secret. Qu'il est plus touchant et plus digne en même temps, de voir une jeune et jolie figure chercher l'ombre de son mari et ne consentir à se mettre en évidence qu'à côté de lui.

N'est-il pas curieux de voir telle jeune dame gesticuler, projeter, arranger, tandis que son époux, près d'elle, l'écoute patiemment comme un bon serviteur, se gardant bien de la contredire.

C'est ce qu'on peut remarquer tous les jours. Arrêtez-vous dans quelque square, voyez les rues de nos grandes villes, jetez un coup d'œil dans nos salons à la mode, les hommes s'effacent, le beau rôle est aux dames. Est-ce que vraiment ils le veulent ainsi? Trouvent-ils bien d'être tirés par la manche, d'aller à droite ou à gauche suivant que leur compagne les y mène?

J'ai peur pour notre société, elle ne me paraît pas équilibrée. Les femmes ont trop le genre masculin, on dirait qu'elles cherchent à faire oublier leur sexe. D'un autre côté, l'homme condescend trop aussi aux faiblesses de la femme; il devrait savoir la tenir dans les limites de sa sphère, et la rappeler à elle-même quand elle s'en écarte. Tâche difficile, avec une nature sémillante et enjouée qui sent le pouvoir de ses charmes, mais tâche qui s'impose... Le rôle de l'homme comme éducateur de la femme, y pense-t-on aujourd'hui?

Mais, n'oublions pas que c'est de son rôle à elle qu nous voulons l'entretenir ici; c'est dans son éducation personnelle que nous serions heureuse de l'aider, de la seconder, si toutefois elle y consent.

On a toujours vu, dans toutes les classes, la femme occuper la place qui lui convient; et cela par son ascendant, son caractère moral.

J'ai connu plus d'une femme d'ouvrier, dont les maris étaient loin d'être des modèles d'ordre et de probité, inspirer par leur dignité, leur silencieuse activité, le respect le plus profond à leur entourage. Je dirai plus: j'en ai vu forcer l'admiration, par leur valeur morale et leur courage à toute épreuve.

Si elles souffraient? Qui oserait le nier? Bien plus profondément à coup sûr, que tant d'autres qui ne savent que gémir et se lamenter. Chez elles, point de récriminations, point d'étalage, d'appel à la pitié; mais une douleur silencieusement supportée. Des larmes versées? Oui sans doute, dans le plus grand secret; aux étrangers, à leurs proches, vous les voyez montrer partout un visage calme et doucement résigné.

Ces femmes-là sont des joyaux; on ne saura jamais ce qu'elles valent. Elles ne réformeront pas toujours l'être dégradé auquel elles sont liées pour la vie; cependant, il est impossible que tant de mansuétude ne le retienne pas quelque fois. D'ailleurs, n'est ce rien que cet intérieur où l'ordre se maintient malgré tout, lors même qu'il ne resterait que l'indispensable? — Et les enfants? Ce sont eux qu'il faut féliciter d'avoir une telle mère! — Que de privations elle leur épargne, que de tristes exemples sa main sait écarter de leur vue, comme elle les suit de son regard vigilant! Ah! s'ils allaient lui ressembler!...

Combien de fois son pauvre cœur est étreint par cette crainte suprême! Mais, serait-ce possible? Aussi rarement, oui rarement, cherchez bien, des enfants ainsi gardés, ainsi prémunis, s'égarent à leur tour. Il est impossible qu'un fils, qu'une fille, qui respecte sa mère, qui lit chaque jour en elle l'incarnation de la vertu, ne soit épris du pieux désir de lui ressembler, de l'imiter et de la suivre.

L'homme est léger, inconstant; il se déraille facilement de nos jours. Que la femme par son sérieux, sa digne simplicité, oppose comme un contre-poids à cet état de chose qui semble vouloir aller en empirant.

S'il y en avait davantage parmi nous qui tiennent devant lui cette attitude, ne se sentirait-il pas repris, honteux? J'en reviens donc à mon dire : il nous faut remonter le courant. Si nous ne trouvons pas un appui, là où il nous serait si naturel de le chercher, cherchons ailleurs; et cet ailleurs, c'est en nous, dans notre volonté bien déterminée à rompre avec tout ce que la conscience réprouve, avec tout ce manége féminin qui provoque le sourire et plus souvent encore le mépris. Cherchons-le surtout en Dieu de qui vient toute force durable. Jour après jour, mettons-nous en face de nos devoirs respectifs et demandons-nous si nous sommes prêtes à les remplir. Ne tolérons pas la langueur, la négligence : marchons hardiment. Que de réformes heureuses on verrait s'opérer, si nos femmes, tant bien douées, prenaient à cœur la régénération de notre pays.

C'est là une ambition collective et individuelle tout à la fois, bien digne de remplir un cœur et d'inspirer une société d'élite, car elle étreint un cercle immense. Je vois tout un rayon lumineux s'étendre sur ces humbles efforts et marcher à leur suite : Paix au foyer, bonheur pour ceux qui l'habitent, sympathie entre les proches, bienveillance aux étrangers, indulgence pour les faibles et les petits, compassion pour le malheureux, pitié pour le coupable. Tout cela, comment le nommerez-vous ? Je ne vois qu'un nom, un bien beau nom à placer ici : le vrai patriotisme. Car celui qui aime ses frères, qui apprend aux autres à les aimer, à les servir, à les aider, c'est le bon patriote; et la femme peut, plus que tout autre, semer ces germes précieux de concorde et d'harmonie; les cultiver, les entretenir par la chaleur de son cœur toujours jeune, toujours aimant, toujours sensible et qui ne saurait se désintéresser d'aucune noble cause.

Cette grande cause qui doit la préoccuper aujourd'hui a pour fin un plus noble but encore. Il s'agit de former une génération d'hommes vertueux, de femmes vertueuses, d'hommes virils, de femmes fortes. Nos femmes seront-elles au-dessous de cette tâche ? leur ferait-elle peur ? Non ! j'ai une meilleure opinion de mes contemporaines, et je veux espérer qu'aucune ne s'en croira exemple ou se dira qu'il est trop tard pour l'entreprendre. Cette tâche incombe à la femme mariée, comme à la femme non-mariée : à l'humble ouvrière tout autant qu'à la femme de distinction. Les sentiments sont de tous les âges, de toutes les positions, de toutes les éducations. Il n'est aucune femme respectable qui n'exerce autour d'elle une influence; elle est parfois en raison directe de la situation de celle qui l'occupe. Une pauvre infirme a quelquefois des trésors d'expérience pour son entourage et souvent la sagesse parle par sa bouche. Combien aussi ont de poids les avis d'une femme distinguée, dont la délicatesse et la perspicacité devine et sait d'avance ce que vous auriez à lui dire.

Il faut que, comme une sainte phalange, toutes celles qui l'ont à cœur s'unissent pour relever le niveau moral de notre peuple. Les femmes de France ont bien fondé une association pour parer à ses misères physiques, les trouverait-on moins disposées à se prêter un mutuel appui pour des maux non moins réels et plus funestes encore ?

J'espère mieux de tant de nobles natures ; et pour cela, pas n'est besoin de former des comités divers. A chacune d'agir dans son humble sphère, de mettre la main à l'œuvre dès aujourd'hui et de se dire : Je veux aussi édifier, pour Dieu et la Patrie.

II

NOS FILLES

Il n'y a pas de tableau plus gracieux que la jeune fille qui s'ouvre à la vie avec sa bonne foi candide et pure.

Inutile d'insister. Chacun l'a vue et à dû sentir en même temps comme une de ces aspirations vers ce qui élève le cœur, et fait entrevoir un moment cet idéal de beauté et de grâce, que souvent peut-être on a rêvé ou cherché.

Il y a de notre temps deux jeunes filles : celle qui vit à l'ombre de sa mère, (oh ! qu'on la connait bien !) et celle qui sert d'ombre à la sienne, si je puis ainsi m'exprimer.

Vous les distinguerez sans peine. Sortez seulement un jour de fête ou d'apparat, vous verrez, en plus petit nombre c'est vrai, de modestes jeunes filles, suivre d'un pas non moins modeste celle qui les accompagne. Elles ne se mettent pas en avant, s'effacent presque; on voit bien qu'elles ne voient qu'une chose : leur mère.

Mais à côté, combien n'en remarque-t-on pas qui sont là comme à l'étalage, pour attirer les regards, les retenir si possible, et par un manège exercé, chercher à devenir le point de mire de la foule. Dans ce cas, c'est la mère qui s'efface. Elle est là, oui, mais pour donner à sa fille plus de droit de s'exhiber, plus de chance de réussir : quand la mère suit, il n'y a plus rien à dire.

Cette tendance à faire trop tôt sortir la jeune fille a une influence fâcheuse sur notre époque. Pourquoi, en effet, déflorer si vite cette tendre fleur qu'un peu plus de maturité et d'expérience eût rendue si charmante? Pourquoi cet empressement à lui faire respirer l'air malsain de la parade? Ah! plutôt la laisser à ses poupées jusqu'à quinze ans s'il le faut, mais ne lui donnez pas si vite à goûter ces plaisirs qui vont raccourcir sa jeunesse et lui enlever son ingénuité.

Je comprends que rien ne doive repousser autant l'homme, qu'une jeune fille saturée de jouissances, dont le cœur ne bat plus qu'artificiellement (cela se devine bien vite) et par un raffinement de savoir-faire en ce genre; et je comprends aussi qu'il préfère à toutes ces belles manières, à cet art consommé du monde, une jeune personne modeste qui n'aura pas fait de bruit autour d'elle. Combien dans ce cas son choix est plus sûr, et qu'il a raison.

Nos institutions actuelles seraient-elles pour quelque chose dans ce courant qui met nos jeunes filles trop en évidence? On pourrait répondre : oui et non. Il est sûr que cette éducation tant soit peu masculine qui tend à s'introduire dans nos établissements scolaires, n'est pas sans laisser quelque teinte sur l'esprit de nos jeunes demoiselles. Toutefois, on ne peut leur en laisser toute la responsabilité; car, l'influence qui reste, qui fait fond, c'est celle de la famille, et il faut dire que maintenant, comme jamais, on y gâte les filles.

Plus d'un observateur, admis dans tel milieu, sera frappé de voir combien la jeune fille y a plus de liberté que le fils. Je pense qu'elle se la donne. Il en est ainsi, même quand ce sont des messieurs qu'on reçoit; le jeune homme s'efface et laisse à sa sœur le soin d'occuper ses hôtes, ce dont elle s'acquitte au reste fort bien.

On comprend cela dans certaines occasions et lorsque la jeune fille a au moins dix-huit ans; elle peut alors seconder sa mère et la remplacer au besoin. Avant cet âge, il me semble qu'elle est trop enfant pour la charger de soins aussi délicats que ceux dont on doit entourer ses amis ou ses invités. Les amuser, les distraire, quand elle y est invitée, c'est bon, mais faire les premières avances, ce n'est plus convenable. En général, on trouve beaucoup plus de modestie du côté du frère, qui parait même quelque peu gêné des allures plus ou moins familières de sa sœur dont la place devrait être surtout à côté de lui. C'est ensemble qu'ils doivent s'occuper de leurs hôtes et chercher à leur être agréables : excellent usage qui se retrouve encore dans certaines demeures, où préside à côté du bon goût, le véritable esprit de famille, et qui rappelle les mœurs antiques, tout empreintes de ce cachet d'élégance et de distinction que n'ont certes pas nos mœurs bourgeoises actuelles.

Je n'en veux pas dire de mal, mais c'est pourtant le terrain où croissent nos femmes futures. Et quoique profondément attachée à nos principes démocratiques, je remarque néanmoins qu'il n'a pas un fond suffisant pour conduire à maturité de jeunes plantes sur lesquelles doivent se porter tous nos soins.

Je disais plus haut qu'on s'occupe trop des filles qui finissent par ne plus voir qu'elles, en tout et pour tout. Au lieu de les former à l'habitude du travail, on les sert le plus souvent; et, j'hésite à le dire, c'est la mère elle-même qui est la servante. Cela se verra surtout dans les familles qui ont connu un genre d'existence plus pénible, — singulière façon de se venger du sort! — Moi j'ai bien travaillé, sué, pioché, mes filles ne feront rien; et on leur donne des broderies, des ouvrages fins, tandis que la mère frotte, récure et prépare le déjeûner de ces demoiselles.

En agissant de la sorte, ce n'est pas seulement l'éducation physique qui est faussée, c'est surtout l'éducation morale. Ces enfants gâtées en arrivent graduellement à se croire des êtres supérieurs, ayant droit à tous les égards et le prenant de haut avec leurs parents les premiers.

Comment voulez-vous qu'avec de semblables principes, nous ayons des ménagères modèles? Celle qui a été jusqu'ici le point de mire de chacun, le centre où convergent toutes les faveurs, se trouvera-t-elle armée, lorsque surviendront les premières contrariétés domestiques? Non, mille fois! Vous savez tous cette histoire : au premier mot d'humeur, après son mariage, elle ira trouver sa mère qui l'a toujours gâtée, et ensemble, c'est trop souvent le cas, s'exagèreront les motifs; le pauvre mari qui eut volontiers tout oublié, se trouve avoir ainsi sur le dos sa belle-mère et sa femme qui boude. S'il conserve son sang-froid, quelle estime peut-il garder pour celle qui va le dénigrer et le rendre ridicule?

Voilà qui est trop prosaïque, bien terre à terre; tel est pourtant le tableau le plus réel de notre société d'aujourd'hui. On gâte partout les filles, ce n'est que trop facile à voir, on en fait de parfaites égoïstes. Pourquoi tant les flatter, les choyer? Ce n'est point ainsi qu'elles seront préparées à leur future vocation: on en prend le chemin à rebours. A voir faire les parents, on dirait que c'est juste le contraire qu'ils visent; et vraiment, ils ne réussissent pas mal. Il faut même que la femme ait en elle des trésors d'adresse et de perspicacité, comme de bon vouloir; car le nombre de celles qui font de mauvaises ménagères devrait être encore plus grand qu'il n'est.

Aussi la jeune fille est plutôt à plaindre qu'à blâmer. On regrette pour elle cett direction sûre et prévoyante, qui la formerait, à son insu, à remplir la tâche sérieuse qui lui doit échoir un jour.

J'ai connu une nombreuse famille de filles de très près. Comment se fait-il, je me le suis demandé souvent, que toutes fussent si bien formées sur le même modèle? Elles ont grandi, se sont développées, se sont mariées, et les unes et les autres entraient dans la vie de la même manière: paisiblement, sûrement, comme préparées depuis longtemps au rôle qui les attendait. Toutes sont devenues des femmes de mérite, s'attachant leurs maris qui ne décidaient que par elles, plus tard, des mères judicieuses et tendres, mais fermes aussi.

Où ont-elles puisé ces excellents principes qui font d'elles des femmes supérieures sous tous les rapports ? Tout simplement à la maison. Quelle paix et quelle activité dans cet intérieur ! Une fois là, un sentiment de bien-être indéfinissable s'emparait de vous : on aimait à y rester. La mère, femme au visage sérieux et paisible, régnait sur tout ce monde par l'harmonie heureuse de son caractère. La plus jeune comme l'aînée avait sa tâche désignée; tout se faisait sans bruit, à son heure. Jamais de contestation, ni de mesquine jalousie; là, le travail était la loi, l'égoïsme chose inconnue, et chacun se trouvait heureux de coopérer au bonheur commun.

Avons-nous beaucoup de caractères de cette trempe ? Les mères qui savent se faire obéir incontestablement sont-elles moins rares qu'on ne le croit ? Il y a lieu d'en douter. Même parmi les meilleures de nos mères de famille, un grand faible se remarque sous ce rapport. Ah ! n'ayons point peur de ternir les mains de nos filles; qu'elles mettent la main à la pâte; donnons leur des tâches qui les forcent à se lever de bonne heure, à s'aguerrir pour les contretemps. Il leur manque une chose, à la plupart du moins, c'est d'avoir de petits frères à soigner. Dans ce cas, il n'est plus question de mignardise, de délicatesse; l'enfant a trouvé sa voie; et quel avantage ! Ces sœurs aînées, ces grandes sœurs, parlez-moi de celles-là ! Je me repose à les regarder faire. Vraiment, on est étonné de leurs aptitudes dans cette charge nouvelle; et quelle bonne grâce elles mettent à s'occuper de tout ce petit monde !

Il faut l'avouer, c'est un spectacle qui nous est rarement offert. Jadis, on envoyait les jeunes nobles apprendre le service des armes auprès d'un seigneur ami ou étranger; n'y aurait-il pas lieu d'agir de même avec nos jeunes filles ? Un stage dans une famille nombreuse où elles partageraient les soins de la mère, ne serait-ce pas un cours bien judicieux à leur faire suivre ? Apprendre le maniement des enfants, à connaître leurs besoins pour les deviner, les soulager, cela n'est pas une science infuse; et je croirai toujours que la meilleure des mères sera celle qui agit en connaissance de cause et non en tâtonnant.

Il est aussi un détail qui appelle notre attention et que nous ne saurions passer sous silence. C'est celui qui a été le plus critiqué et qui prête encore le plus à la critique : j'ai nommé les costumes semi-masculins dont nous affublons des êtres gracieux et charmants, et qui les font ressembler à des ilotes.

Quoi de plus extravagants que la coiffure et les modes du jour ? Je ne suis peut-être pas bon juge en cette matière, mais si je ferme un instant les yeux et que je me reporte à dix ou quinze ans en arrière, comme la mise de nos enfants était d'un meilleur goût et qu'elle leur seyait bien.

J'avais alors autour de moi plusieurs fillettes aux joues roses; si jolies, je les trouvais, sous leurs chapeaux bergère ornés de marguerites. Aujourd'hui, qu'en a-t-on fait de ces jolies fleurettes ? Où les a-t-on reléguées ? Je ne les vois plus. Que trouver cependant de plus en harmonie avec ces frais visages ? — Mesdames, aux voix ? Il faut que la marguerite et le bluet reparaissent, ou nous ne méritons plus de les voir croître dans nos jardins et dans nos champs. Ne voyez-vous pas ces petites têtes fines et blondes, affublées de nœuds surchargés ou de boucles de métal comme des chevaux caparaçonnés ? Vraiment, il n'y a pas lieu de féliciter l'auteur de cette belle trouvaille !... Non, rendez-nous nos fleurs des champs pour en parer nos enfants : revenez roses et jasmins, ce sont vos nuances délicates qui plaisent à nos yeux.

La jeune fille, même celle qu'on ne peut pas dire jolie, a toujours des grâces naturelles. Moins elle les devine, plus elle a de charmes. Ainsi, c'est nous priver, nous les mères premièrement, d'une jouissance légitime et permise, que de changer ces grâces en façons excentriques : quel maintien voulez-vous que prenne une jeune personne dans un paletot et un collet monté ?

Je ne voudrais pas laisser croire que j'ajoute une importance exagérée à ces détails. De même que l'habit ne fait pas le moine, de même il ne rendra pas vaine et légère une jeune fille modeste et sérieuse par nature; cependant, c'est l'exposer à y prendre goût et à perdre sa simplicité. Hâtons-nous d'ajouter que malgré le danger apparent, il en est peu dans le monde bien élevé qui fassent des écarts, sans en excepter celles qui ont à soutenir une vie laborieuse, mais qui sont suivies par une mère vigilante et consciencieuse.

L'éducation n'est pas nécessairement liée à l'instruction. Une femme de caractère se peut trouver dans la mansarde, aussi bien que dans l'hôtel somptueux. Il est malheureusement vrai qu'aujourd'hui la jeune ouvrière n'est pas estimée ; le plus grand nombre présente mal et prête à un jugement sévère; vous remarquez chez elle un laisser-aller, une effronterie souvent qui fait pitié : si jeune et quelquefois si dépravée!... Ah ! plaignons celles qui n'ont pas des parents capables de les diriger, de les retenir ! — Il y en a donc beaucoup de ces femmes d'ouvriers sans dignité, sans souci de ce que deviennent leurs filles dans leurs relations journalières et indifférentes aux dangers qu'elles courent au contact de tant de natures viciées et perverties !

C'est là le paupérisme du temps; il est effrayant ! Comment prévoir toutes les conséquences d'une pareille licence ? Quelles mères seront un jour ces jeunes filles dont le sens moral est éteint, et qui depuis longtemps ont appris à ne plus rien respecter, y compris elles-mêmes ?

Des hommes généreux ont déjà cherché un remède à ce mal qui va grandissant. Ils ne le trouvent pas, car on ne peut forcer le malade à se guérir, et le remède n'existe pas hors de lui. Une réforme seule pourrait changer cet état de choses, et nous savons à quelle génération insouciante et frivole nous avons à faire. On arrêterait plutôt le Rhône que ce courant malsain où est entraînée la société contemporaine.

Telle littérature, telles mœurs. Jamais cette parole n'a trouvé d'application plus vraie que de notre temps. On vit par les feuilletons dans un monde d'insanités; l'esprit s'en imprègne, s'en nourrit, et le langage, les habitudes ressemblent à ce qu'on voit tous les jours, soit sur la scène, soit dans la presse.

Combien y a-t-il de mères, lorsque le père a posé le journal, qui s'empressent de le mettre en lieu sûr afin que la jeune fille ne soit pas tentée de s'en emparer ? C'est une chose qu'on doit savoir leur refuser catégoriquement. En aucun cas elles trouvent dans ces lectures un passe-temps profitable. A côté de certains détails qu'elles pourraient connaître, il y en a trop de scabreux dans les feuilles du jour pour qu'il ne soit pas dangereux de les laisser entre leurs mains. Qu'elles aient leur revue, leur journal préparés pour elles, cela doit suffire ; plus tard, si leur mari y consent, elles pourront lire ce qu'il lira ; pas avant.

On a tant dit déjà sur l'éducation des filles, que je n'essaierai pas de reprendre point après point ce qui me paraît leur convenir ou leur nuire. Mais ce qu'il faudrait que toutes les mères sussent, c'est qu'elles doivent surveiller les lectures de leurs filles tout autant que leur société. La demoiselle aujourd'hui n'a pas les mêmes chances de s'établir qu'autrefois, je n'en chercherai point ici la cause ; il faut donc la prémunir contre toute éventualité, empêcher à tout prix qu'elle se nourrisse de chimères et d'illusions et se fasse une fausse idée de la vie. Sa première sauvegarde sera un fond d'instruction solide ; mais ce serait encore une garantie insuffisante, si elle n'acquiert en même temps un fond d'honnêteté et de droiture à toute épreuve. Qu'à cela elle joigne des principes sérieux et mûris, voilà ce qui l'aidera à traverser les jours difficiles, s'ils surviennent. Et qui peut être sûr de les écarter ?

« Donnez-nous des mères. » Ce mot d'un homme de génie à une éducatrice, tous ceux qui jugent sainement des choses le répètent aujourd'hui. Oui, donnons une éducation forte, virile, à nos filles et plaçons-les de bonne heure en face de leur responsabilité prochaine. Prévenons-les que la société sera ce qu'elles la feront : faible et flottante entre le bien et le mal, si elles ne sont pas prêtes à diriger leurs maisons dans la soumission aux lois divines, dans le respect de la famille, dans l'honneur, l'attachement invincible au devoir quel qu'il soit.

Pourquoi ne créerait-on pas des cours spéciaux pour les préparer à ces devoirs ? Il y a assez d'esprits distingués pour s'en charger. Des hommes tels que l'auteur de la *Famille*, nous en comptons plus d'un parmi ceux qui s'occupent des questions sociales, sans nommer les femmes.

C'est là, la question sociale par excellence, la base sur laquelle tout l'édifice de notre société repose; c'est par là qu'il faut commencer.

Initions nos jeunes filles à ce qui les attend. Qu'elles trouvent dans les avis paternels ou maternels, des flèches de quoi remplir leur carquois. Une noble émulation surgira de ces leçons amicales; elles ne voudront plus seulement s'attacher à l'homme pour le suivre et trouver en lui le compagnon de route dont leur faiblesse sent le besoin, mais elles désireront s'unir à lui poussées par une plus haute ambition : celle de fonder une famille où pourront s'exercer leurs facultés aimantes et persuasives, à attirer vers le grand, le beau, ceux qui leur seront donnés.

Voilà la chaîne à laquelle se relient tous les chaînons. N'avons-nous pas raison de dire que former nos filles à devenir des mères, c'est là la question capitale.

Cessons de les gâter, de les entourer de soins superflus ; donnons-leur une nourriture plus fortifiante. Qu'est-ce qui a fait une Jeanne Hachette après une Jeanne d'Arc ? C'est que celle-ci a servi de modèle à celle-là ; c'est de son souvenir qu'on l'avait nourrie ; et dans ce noble exemple, elle a puisé l'héroïsme qui l'a signalée, elle aussi, à la postérité.

La France a eu des femmes illustres, ne l'oublions pas ; elle en a eu dans tous les temps. Feront-elles défaut à la fin du XIXe siècle.

J'ose croire que parmi mes jeunes lectrices, beaucoup se sentiront émues pour leur nation, pour leur famille, pour elles-mêmes et se diront : oui, c'est ainsi que j'entends la vie. Je veux, non-seulement être aimée, mais appréciée, rendre mon nom honorable, me préparer une carrière utile, faire valoir les dons que j'ai reçus. Celle qui parlera ainsi, sera la première à bénéficier de ces sages résolutions. Son caractère grandira, se fortifiera, prendra de la décision, de la virilité. Ce n'est pas sans lutte, ne l'oublions pas, qu'on avance dans la voie du progrès moral ; il faut même s'attendre à plus d'une défaite ; mais elles ne sont plus irrémédiables et peuvent nous aider, si nous sommes attentifs, à avancer plus sûrement ensuite : les expériences qui coûtent sont celles qui servent le mieux, a-t-on dit.

Cette jeune fille se dira encore : je ne me contenterai pas de connaissances superficielles, j'irai au fond des choses. J'explorerai, je chercherai, je finirai bien par trouver quelque vérité encore inaperçue. Pas n'est besoin pour cela, (pour cultiver son esprit j'entends) de rester courbée sur des livres de sciences ou d'histoire. Il y faut beaucoup puiser, c'est vrai; mais la réflexion, le travail personnel, aide plus que tout le reste. Quel honneur pour une jeune personne, d'être jugée digne de devenir la femme de tel homme distingué qui lui rendra au centuple les quelques efforts qu'elle aura faits pour se rapprocher de son talent, et quel avantage ! Unir sa destinée à un homme de mérite, être pour lui non-seulement une aide, une compagne, mais au vrai sens du mot, une amie.

Ceci n'est point un rêve de fantaisiste. Il y a encore des hommes sérieux, peut-être plus qu'on ne croït, qui sont perplexes au moment de faire un choix. Si les jeunes filles étaient plus prudentes, plus retenues avec eux, ils se tiendraient dans leur rôle d'hommes sérieux et ne seraient pas tentés d'essayer du badinage. C'est un fait remarqué tous les jours, qu'elles se moquent un peu des caractères réservés. Ceux-ci, cela se conçoit, sont comme forcés de sortir d'eux-mêmes pour échapper aux taquineries de ces têtes plus mutines que mauvaises et se donner quelque contenance auprès d'elles.

La jeune fille a donc aussi le devoir de forcer les jeunes gens à la respecter et à l'estimer, ce qui ne se voit guère même parmi les meilleurs. Elle ne sera à l'abri de leurs sarcasmes ou de leurs traits malins, qu'en se réfugiant dans sa simplicité. Ainsi seront désarmés les plus caustiques et comme forcés de baisser pavillon devant son attitude modeste et fière. Elle a le même devoir vis-à-vis de ses frères, auxquels elle peut faire aimer la maison en se montrant toujours aimable, pleine de support et d'indulgence, sans pour cela rire de leurs folies ou de leurs vantardises.

Bien des jeunes filles croient devoir se mettre en frais d'amabilité ou de coquetterie pour plaire. Si ce manège leur réussit, elles ne méritent pas qu'on les en félicite ; car, ou bien c'est un sot qu'elles ont pris dans leur piège ou ce ne peut être un individu de grande valeur. L'homme réfléchi et perspicace, s'il est de plus honnête, ne tardera pas à se retirer même s'il a déjà fait quelques avances, trompé par des attraits artificiels ou empruntés.

De telles manœuvres méritent d'être jugées sévèrement. Surprendre la bonne foi de quelqu'un par de faux artifices ? Mais c'est quelque chose de bas, de honteux ! Et le mépris qu'une telle conduite doit attirer sur les coupables, n'est pas, il me semble, un châtiment suffisant à leur déloyauté.

Une intrigante s'y prendra d'une autre manière. On m'a raconté qu'une gouvernante, à l'étranger feignit la dame bien élevée, et laissa croire qu'elle avait quelque fortune.

Elle fut recherchée par un jeune homme de bonne famille ; tout en faisant la difficile, il n'était pas éconduit. Enfin le mariage se fit ; elle laissa son mari dans l'illusion quant à ses parents. Pour soutenir son rôle, il lui fallut évidemment avoir recours à plus d'un mensonge. Sentant bien tout l'équivoque de sa position, elle n'était pas sans remords ; car, c'était à part cela une personne de bonne conduite et qui rendait son mari heureux ; mais la difficulté de revenir en arrière, lorsque tant de fausses mailles l'enlaçaient !

Cela dura ainsi quelque temps. Son mari qui l'appréciait, l'entretenait souvent de sa famille, de son pays, proposa même de l'y conduire et finit par décider le voyage.

Partagée entre le désir de revoir les siens et la crainte de voir tous ses subterfuges découverts, elle montra une indécision qui aurait fini par devenir suspecte si elle se fût prolongée. La pauvre femme était bien angoissée. Elle espérait cependant que son mari passerait par-dessus ses torts, en raison du bonheur qu'elle lui avait donné.

Ils partirent. Sur le point d'arriver, voyant qu'il n'y avait plus de temps à perdre, elle lui avoua tout.

Troublée elle-même, elle ne sut guère ce qui se passa alors ; il avait l'air de ne pas comprendre. (Elle le redit plus tard à une amie dont je tiens ce fait). Mais ensuite, quand il se fut rendu compte que cette femme, la sienne, l'avait trompé, il voulait retourner, il ne l'écoutait plus; ce ne fut qu'à force de prières et de larmes qu'elle le retint.

Cette jeune femme avait des qualités réelles : adroite, entendue, comme toutes les filles de la Suisse elle tenait fort bien sa maison et savait se rendre aimable. Ne pouvait-elle pas, sans chercher à s'entourer d'un vain prestige, demeurer et se dire simplement ce qu'elle était : enfant d'honnêtes artisans. Eût-elle été moins appréciée ? Elle s'est fourvoyée, son ambition lui a fait commettre un faux que bien sûr son mari n'a pu oublier.

Faut-il, parce que nous vivons dans un monde qui ne voit que l'apparence, que la dignité du pauvre disparaisse ? Est-ce un déshonneur de vivre en travaillant de ses mains ? Et partout où il y a de l'honnêteté, l'amour du travail qui prépare aussi à la vertu, n'est-ce pas une distinction cela? N'est-ce pas une richesse?

C'est encore un reproche à faire aux jeunes filles. Beaucoup cherchent à sortir de leur rang, à faire oublier leur origine. Si elles ne le peuvent de fait, elles l'essaient du moins par la forme; et, se voyant grande dame au dehors, elles n'en sont que plus aigries quand il faut reprendre le travail interrompu ou leur sarreau d'ouvrière.

Il y a loin entre être et paraître. D'ailleurs, c'est peine inutile que de chercher à se façonner sur le modèle des autres. Laissons à chacun ses titres et ses prérogatives; aussi bien nos efforts ne changeront pas la face des choses : chacun doit rester ce qu'il est.

On peut toujours idéaliser sa vie, sans la surcharger d'emprunts; mettre de la poésie dans une existence tout ordinaire sans s'ingénier à calquer les classes élevées. Aussi, on aura fait beaucoup pour une jeune fille, quand on lui aura appris à compter sur elle-même, à se servir de ce qu'elle a sans regarder à celles qui semblent mieux partagées. C'est le moyen au reste, de lui faire acquérir un caractère égal, qui ne se laissera pas démonter au moindre imprévu et en fera la providence du toit où elle habite.

Un esprit actif comme le sien, s'il n'est point tourné vers les banalités, fortifiera son jugement par la réflexion sur toutes choses à sa portée. Elle deviendra ainsi l'ange du foyer, le bras droit de sa mère, l'amie de son père et la compagne de prédilection de ses frères et sœurs.

Telle nous la voyons, explorer d'un pas léger tous les recoins de la maison ; s'arrêtant ici, furretant par là, vous l'entendez monter et descendre, un gai refrain sur les lèvres, accueillant d'un sourire aimable tous ceux qui l'approchent. Elle met la main à tout, sait où chaque chose se trouve; laissera ses occupations pour vous être agréable, si vous le lui demandez, et sa bonne humeur ne se dément pas un instant.

Doux soleil de mai qui réchauffe et égaie l'atmosphère ! Charmant oiseau qui a des chants pour toutes les saisons; gracieux visage qui rayonne de paix et de bonté ! On aime ses chansons, ses frais éclats de rire, sa prompte répartie, et jusqu'au petit air mutin qu'elle prend quelquefois pour vous faire une surprise.

Heureuse la maison qui possède ce trésor; heureux l'homme auquel on en fera le don ! Toutes les perles du monde ne la valent pas ! Et vraiment, nous le comprenons sans peine; car, qui peut égaler le fond de tendresse et d'amour que recèle un cœur comme le sien.

III

NOS MÈRES

Les plus prévenus contre la femme sont forcés, sinon au respect, du moins à la déférence envers la mère.

Une femme a pu avoir, comme demoiselle, des torts et des faiblesses; elle peut se réhabiliter, si elle le veut, en devenant mère : c'est la pierre de touche du caractère féminin. On n'a plus le droit de reprocher des fautes passées à une mère qui élève bien ses enfants. Et puisque le repentir nous porte presque toujours à absoudre le coupable, n'est-ce pas, dans ce cas, la preuve la plus indiscutable que les écarts ont été deplorés, les fautes senties, et la meilleure manière aussi de les réparer.

Ceci ne veut pas dire qu'on peut faire le mal, quitte à mieux faire ensuite. Non, assurément. Une jeune fille pure, sera incontestablement la meilleure entre les bonnes mères; elle possèdera toujours, comme telle, ce cachet de pureté et de candeur que l'autre a perdu sans retour; car, le contact du mal laisse, même au physique, des stigmates indélébiles, signes accusateurs de la chute qui porte souvent ici-bas son châtiment.

Parlons d'abord de la mère comme éducatrice. Il est une remarque qu'on entend faire souvent : c'est qu'il y a peu d'hommes en France d'une forte trempe, peu qui soient capables de se charger sans péril du fardeau des affaires actuelles, peu d'hommes marquants.

Pourtant, notre pays en a dans tous les temps fourni autant que les pays voisins; il a eu même (cela soit dit sans ombre de chauvinisme) la prépondérance a plus d'une époque. Qui donc avait formé ces hommes que nous regrettons ne plus rencontrer? A quel feu sacré s'étaient-ils réchauffés? Qui avait déposé en eux cette double vie: l'une tout entière au pays, l'autre toute à la famille? Nous les cherchons en vain ces hommes, ils ne se retrouvent plus.

Qu'accusera-t-on? Le caprice de la nature, qui souvent nous étonne par l'apparition de phénomènes inattendus, et qui, par un mutisme étrange, semble bientôt oublier ou ne plus entendre et nos besoins pressants et nos cris.

Oui, qu'accuser?... La femme, première ressource de l'homme naissant, possède-t-elle cette puissance créatrice capable de transmettre cette double vie dont nous parlions tout à l'heure? On ne la lui conteste pas ; quelques-uns disent même qu'elle l'a réellement. Dans tous les cas, elle a une puissance; car il ne faut pas chercher loin pour voir la différence qui existe entre les enfants qui ont une mère, et ceux qui, hélas ! n'en ont pas ; ou encore, entre ceux dont la mère est ferme, vigilante, et ceux qui sont ni retenus ni dirigés.

Puisque la mère a une influence si réelle sur la formation du caractère, quelle sérieuse responsabilité est la sienne ! Elle l'est en effet, au-delà de toute expression. Elever un fils, en faire un homme, un sujet digne de sa haute destinée, on peut trembler à cette tâche, cela se comprend ; et l'on comprend en même temps qu'il n'y ait que la femme forte qui puisse l'envisager et l'entreprendre coûte que coûte.

Nous ne voudrions point par là décourager nombre de mères estimables, qui, elles aussi, ont à cœur de bien élever leurs enfants, et de les former à la vertu. Elles font ce qu'elles peuvent. Tout porte à croire que la bonne semence répandue germera tôt ou tard et portera ses fruits, et qu'il leur sera donné de voir grandir autour d'elles une famille honnête et estimée.

Nous en avons beaucoup de ces femmes au cœur aimant, aux mœurs simples, qui sont des perles et qu'on ignore presque, parce qu'elles font peu de bruit. Ce sont elles, au reste, qui nous donnent cette partie honnête et laborieuse de notre peuple, la meilleure et la plus nécessaire diront quelques-uns ; car tous les fils ne peuvent pas devenir des hommes illustres ; il importe surtout, qu'ils soient un jour de bons maris et de bons pères.

Après tout, c'est en eux que réside la force d'une nation. Si tous ne peuvent être appelés à jouer un rôle dans le gouvernement de leur pays, ils en sont pourtant les premiers défenseurs, le plus ferme appui ; car, tout homme de cœur aime sa patrie et s'y intéresse; d'ailleurs, n'est-ce pas à lui citoyen que revient l'honneur et la responsabilité de choisir ceux qui gouvernent ?

Il est une noble ambition que nous voudrions voir au cœur de toutes les mères : celle d'élever leurs fils, non pour elles-mêmes, mais en vue d'en faire des membres utiles à la société (1). Les hommes supérieurs qui, presque tous, ont puisé dans l'enseignement et dans l'exemple maternel, les germes de distinction, de grandeur d'âme, qui se sont développés avec l'âge, pourraient seuls nous dire quel fut cet attrait qui a gravé dans leur âme tant de précieux conseils, tant de sages leçons, et mis en eux ce feu sacré qui les a comme forcés à sortir du vulgaire.

La mère elle-même s'en doutait-elle ? Elle a instruit, corrigé son enfant avec une passion sainte; c'était son œuvre à elle : aurait-elle mis au monde un être défiguré ? Elle ne pouvait s'y résoudre. Elle le voulait parfait, autant que l'humaine perfection peut s'atteindre; elle le voulait pur, elle le voulait supérieur en un mot. Personne n'a suivi ses secrètes angoisses, ses muettes prières. Il en est parmi ces mères, qui ont lutté jour après jour contre des obstacles sans nombre pour sauver leur enfant; elles ont eu la victoire, parfois une victoire triomphante. — Nous savons tous leurs noms, inutile de les redire ici. — Celles-là ont passé, leur ouvrage a disparu; il faut que d'autres les remplacent dans ce noble dessein de former des hommes. A quelles mères le demander ?

Je connais deux mères, ayant entre elles la distance

---

(1) Voir les hommes de mon temps (pages 23 et 27).

de toute une distinction sociale, puisque l'une est noble et l'autre femme du peuple. Elles ont chacune le même nombre d'enfant : six. Quiconque les a vues de près, a pu remarquer que la mère qui, sans domestique, élève sa nombreuse famille, a en ceci une grande supériorité sur son opulente voisine.

Pourtant, il y a des principes d'éducation des deux côtés. Oui ! mais chez l'une, ils s'allient à beaucoup de faiblesse, d'aveuglement dont elle ne se doute pas assurément ; l'autre, qui ne connaît ni Rousseau ni Montaigne, a un plan d'éducation bien meilleur, que lui dicte seule sa perspicacité, sa vigilance, et surtout je crois, la connaissance d'elle-même. Là, point de ces inconséquences qui choquent, point de ces vacillations qui ébranlent la confiance de l'enfant, mais une ligne de conduite dont elle ne sort pas. Jamais elle ne s'interposera entre son mari et ses enfants ; si l'un d'eux offense le père, elle se montrera elle-même la plus offensée ; jamais non plus elle ne reviendra sur sa parole, qu'elle ait promis ou menacé. On l'a vue pour ses jeunes enfants, mère passionnée et tendre ; plus tard réservée, presque froide, et pourtant tous la chérissent et la vénèrent. Que de fois, en observant cette femme, je me suis dit : qu'il doit être difficile d'être mère !

Chez la première, les choses se passent autrement. Le père punit, la mère caresse, ou bien fait évader le prisonnier qui rentre au corps quand on entend revenir le père. Cette femme, très attachée à son mari, se croit probablement une mère exceptionnelle ; ses enfants, qui l'amènent dix fois par jour à céder à leurs fantaisies, l'aiment tendrement, c'est facile à voir ; mais leur inspire-t-elle ce respect, cette admiration qui a sa source dans une estime profonde ?

Il y a chez ses fils en particulier, à côté de certaines qualités, franchise, amabilité, un esprit de légèreté regrettable ; si on les compare à leurs jeunes voisins, personne ne taira que ceux-ci les dépassent de toute la tête en éducation.

De quel côté seront plus tard les hommes vraiment respectables ? Nous voulons croire qu'ils le seront tous ; cependant, a vues humaines, ont peut préjuger d'avance. L'arbre le plus sain, le plus vigoureux, est celui dont on a pris soin d'élaguer les mauvaises pousses, après l'avoir arrosé et placé dans un terrain fécond ; ainsi cultivé, il croitra jusqu'à maturité, étendra ses branches au loin, et plus d'un s'estimera heureux de se reposer sous son ombre.

Bien des mères, tout en sentant le prix d'une bonne éducation, prennent une direction toute opposée pour en doter leurs enfants. Ici encore il me faut des faits pour appuyer ma thèse, autrement je n'aurais rien à dire.

Voici donc une autre mère : instruite, capable, de beaucoup de jugement et la tête d'une œuvre importante. Et bien ! c'est pitié de voir comment elle élève son fils. Aucune règle, pas le moindre esprit de suite. Par moment, elle est toute à lui, ne lui laisse aucun repos : insiste, caresse, menace, supplie, l'ennuie en un mot, puis ce beau feu passe et un long arrêt s'en suit. Elle est dehors, le plus souvent quand le fils rentre du lycée, ou ne prend que le temps de constater son retour ; trouvant le champ libre, ou bien il taquine la bonne, ou il fait quelque sottise; ce serait un phénomène s'il en était autrement. Il y a bien des ordres : tu feras ceci ou cela en m'attendant; mais il y a mille prétextes à donner, mille excuses à inventer : impossible de comprendre ce thème seul, il me fallait tel livre, la bibliothèque est fermée, etc., etc.

Ce jeune homme a plus de seize ans à l'heure qu'il est et n'a jamais pu passer un examen; sa mère se désole, mais croit quand même qu'il se rattrapera.

Ou bien les mères sont aveugles, ou l'excès de tendresse les égare. Ce qu'il y a de certain, c'est que l'œil même bienveillant d'un étranger découvre en très peu d'instants ce qu'une mère ne voit pas ou ne veut pas voir ce qu'elle a constamment sous les yeux. De ces mères là, il y en a plus qu'on ne croit. Une fierté mal placée les empêche de convenir des défauts de leurs enfants; elles semblent tenir à les ignorer, et mal venu serait celui qui oserait nommer par leur nom ces beaux principes dont on veut pourtant faire parade.

Il n'y a rien a attendre d'un enfant conduit de cette manière, qui se sent gâté, supporté avec des défauts qu'il n'ignore pas. On en fait un égoïste, rien de plus, souvent un être insupportable destiné à tourmenter tous ceux qui auront à faire à lui.

Combien de mères aussi se laissent tyranniser par leurs fils ! On dirait qu'elles y prennent un secret plaisir; assez difficile à définir assurément, mais qui fait penser à ce qu'on a dit à propos des filles bien élevées : qu'elles avaient du goût pour les mauvais sujets. Ceci peut paraître un étrange paradoxe; il a pourtant du vrai.

Je m'arrête de préférence sur les rapports de la mère avec le fils, ayant déjà eu à parler de ses rapports avec la fille. Celle-ci sera pour la maison un ornement, le fils un sujet d'orgueil et d'ambition; on flattera la première dans sa toilette, dans ses goûts, mais le plus souvent on fera une part merveilleuse au fils. De bonne heure on donne à celui-ci des droits relatifs; ses parents s'effacent peu à peu à mesure qu'il prend de l'âge, comme s'ils craignaient d'usurper sa place.

En ceci, la mère a une grave responsabilité. Elle est la tête de sa maison, son devoir est d'en tenir les rênes aussi longtemps que les forces lui sont conservées. Ses enfants n'ont rien à voir dans ses affaires, à moins qu'elle ne consente à les leur faire connaître ou à les y associer, ce qui devient un peu nécessaire dans une famille de commerçant par exemple; toutefois, une femme qui a du savoir faire, de la dignité, maintiendra ses droits jusqu'au bout, forcera ses enfants à la respecter et à dépendre d'elle.

Qu'on nous comprenne bien; ce n'est pas du despotisme que nous venons encourager ici. Non, mille fois; nous voudrions seulement sauvegarder les prérogatives de la mère de famille, l'engager à conserver et sa place et ses titres : c'est son honneur à elle d'y tenir, et l'honneur de sa maison. Elle doit en rester comme le centre où tout converge, le point de mire de chacun; il faut que sa belle physionomie, au milieu de tout ce monde animé, lui impose et inspire le respect. Semblable à ces figures antiques qui reposent par leur calme attitude : telle doit être la mère à son foyer.

C'est quelque chose de beau et de bien honorable qu'un fils, déjà dans la force de l'âge, vienne s'incliner devant sa mère. J'aime à les voir l'un et l'autre, et l'un près de l'autre. Ils me font penser à ces chênes vigoureux dont le premier, aux branches jeunes mais solides, a pris naissance au pied du second au tronc plus robuste et plus élancé, se prêtant un mutuel appui. Soyez sûr qu'une mère qui reçoit ainsi les hommages de son fils, sent ce qu'elle vaut et s'étonnerait de recevoir moins; soyez sûr aussi que ce fils ne voit rien qui égale sa mère, et que pour lui il n'est pas de nom plus doux ni de visage plus vénéré.

S'il est des mères qui se plaignent du manque d'égards, à qui la faute? Il fallait qu'elles exigent d'avantage. Dès son plus jeune âge, elles se sont fait les humbles servantes du capricieux petit enfant; plus tard, elles ont toujours capitulé devant ses exigences; quoi d'étonnant qu'un tel enfant regarde sa mère, dont il a usé et mésusé, comme un être inutile et sans valeur.

Ce reproche paraîtra dûr à quelques-unes; mais si elles sont sincères, si elles ont le courage de remonter avec moi à la source du mal, il leur faudra reconnaître que j'ai mis le doigt sur la plaie et que ce sont elles les vraies coupables.

Est-ce à dire que leur cas soit désespéré. Celle qui gémit sur les écarts d'un fils dont la légèreté abreuve sa vie d'humiliation et de honte, qui donnerait tout pour recommencer une vie, hélas! qui ne se reprend plus, n'a-t-elle qu'à laisser les choses suivre leur cours sans essayer de réagir?

Nous nous garderons bien de lui donner un semblable conseil. Le jeune homme est peut-être bien bas sur la pente du mal ; mais s'il reste en lui quelques vertiges d'affection, ils seront, bien sûr, pour sa mère. La tristesse, la douleur d'une mère, ses supplications, ses tendres injonctions ont parfois touché un cœur qui paraissait endurci à jamais; donc, il y a toujours de l'espérance. Une mère ainsi éprouvée, réunira tout son courage, toute sa prudence et fera appel à ce qui reste encore de bon chez le jeune homme.

Ce sera, par exemple, lui procurer quelque agréable passe-temps à la maison, s'il elle l'a encore sous la main ; l'engager à la suivre dans telle course, n'avoir pas l'air de comprendre qu'il voudrait être ailleurs; introduire auprès de lui quelques jeunes gens bien qualifiés, et l'amener peu à peu à se trouver mieux auprès des siens par la paix qu'il éprouvera, la sympathie dont chacun saura l'entourer, qu'au milieu de ses compagnons de plaisir.

Si une femme peut avoir de l'influence sur un jeune homme, ce doit être sa mère. Qui, mieux qu'elle, lit dans sa pensée, démêle ses craintes et ses tourments ? Qui mieux encore sait lui tendre une main de relèvement et l'apaiser par une de ses paroles dont elle a le secret et sa tendre pitié ? Non, je ne comprends pas qu'une mère laisse se perdre son fils ! Peut-elle reposer un instant, quand elle le sait sur le chemin de l'abîme ! Ah ! je veux le leur dire ici, à celles qui croient avoir tout fait, lorsqu'elles ont averti, menacé, imploré tour à tour. Oui, il leur reste autre chose à faire : dans leur demeure désolée, alors que tout effort semble perdu, qu'elles ne se lassent point de le suivre de leurs larmes, de leurs prières.

L'enfant serait un monstre d'ingratitude s'il n'était pas remué par la douleur de sa mère; non pas une douleur bruyamment exhalée, affichée, se montrant surtout devant le coupable, mais une douleur résignée, je dirais presque compatissante, qui fait qu'on aime plus tendrement encore celui qui est tombé.

Il nous faut des mères, des mères scrupuleuses, judicieuses. Le respect, qui fait défaut partout aujourd'hui, a pour cause première le relâchement du caractère des parents; on manque d'énergie, d'esprit de suite; et l'enfant, garçon ou fille, encouragé par les mauvais exemples qu'il a sous les yeux, donnés par tant d'autres enfants, se moque aussi de l'autorité maternelle, devient volontaire, impertinent et impérieux en même temps.

On ne me fera pas croire que si, aux premières manifestations d'un mal aussi grave, l'enfant avait senti une main ferme tenir bon; lui, faible, incapable, quoi qu'il fasse pour prouver le contraire, se serait soumis, ou plutôt n'aurait pas essayé de se révolter contre une autorité indiscutable. Nous obéissions, nous, à nos parents; nos compagnes de jeu, nos voisins rentraient au premier signal de la mère. Qu'est-il donc survenu? Ce n'est que la première génération qui grandit après nous, et une insubordination inouïe se remarque dans notre jeunesse! Plus de discipline, de retenue, chacun va où bon lui semble et fait ce qui lui plait; non, je le répète, on ne peut croire que quelqu'un ici ne soit à blâmer et ne porte la responsabilité de cet état de choses. Nos enfants, aujourd'hui, sont plus instruits, ils sont moins soumis; ils ont la vie plus facile, ils sont plus égoïstes; ces avantages ont donc pour eux des résultats négatifs? Que leur manque-t-il donc?... l'éducation; mais cette éducation que peut seul donner un caractère qui se possède et se gouverne d'abord soi-même.

Toute individualité qui travaille sérieusement à son perfectionnement, ne tolèrera ni chez elle ni chez les autres aucune infraction aux principes qui la dirigent. Combien de fois ceci a été répété : pour faire l'éducation de son enfant, il faut recommencer la sienne propre; et que c'est vrai! Le meilleur guide en ceci, c'est nous-mêmes; nous nous voyons dans les autres; et, par une conséquence naturelle, ces principes, quand on essaie de les appliquer ailleurs sans s'y soumettre les premiers, se tournent contre nous, et font naître le mal contraire au bien que nous en attendions.

Je touche là un point sensible. Beaucoup ont des principes dont ils se targuent et les font valoir habilement ; l'essentiel serait de savoir s'ils en vivent. Donc, nous sommes autorisés à croire que, là où l'ensemble de l'éducation donne de mauvais résultats, il y a vice de fond : ces principes ne sont pas vécus avant d'être inculqués.

Ne rejetons donc pas (je parle toujours aux mères) sur telle cause étrangère, la cause de nos insuccès : elle est en nous; il faut l'y voir maintenant, pas plus tard. On assure qu'il y a des exceptions, et qu'une mère, digne à tous égards, peut avoir des enfants qui la déshonorent; cela, je ne le crois pas, je ne l'ai jamais vu; ou bien ce sont de ces monstruosités qui échappent à l'analyse et qu'on rencontre d'ailleurs fort rarement.

Toute mère, pénétrée de ce qu'elle se doit à elle-même, de sa responsabilité, ayant plus que tout autre charge d'âme, ne se contentera jamais d'un à peu près de vertus; il les lui faudra dans toute leur plénitude, du moins elle y tendra ; et, à son contact, sans même qu'ils s'en rendent compte, ses enfants subiront cet ascendant moral qu'exercent seuls ceux qui ont appris à se vaincre et à se tenir en garde contre les passions.

Voilà la seule autorité réelle et durable ; celle qu'ont subie avec charme et douceur les enfants guidés par une telle mère. Je dirai plus; ces principes, dont je viens de parler comme pouvant seuls donner des résultats heureux, s'allient parfois à tel travers de caractère. Pas un être humain n'est sans avoir son défaut particulier. Lors même qu'il en serait ainsi de la femme dont il s'agit, ce ne sont que des nuances, des ombres; le fond individuel reste le même, demeure intact; assurément, il vaudrait mieux ne pas les avoir; mais quand la source est pure, les travers, toujours désagréables si vous voulez, ne peuvent atténuer son action bienfaisante, n'empêcheront pas que d'autres viennent y puiser et s'y restaurer.

Nous venons de voir quelle tâche sérieuse s'impose à la femme, à la mère; cependant je crains que plus d'une en lisant ceci, ne se dise : Ah ! il est bien facile de parler de ces choses en théorie; dans la pratique c'est tout différent; peut-on supposer toutes les difficultés qui surgissent en travaillant à la formation du caractère de l'enfant ?...

Cette remarque est vraie et juste, aussi n'ai-je pas dit qu'on dût trouver toujours la chose facile; ce serait me démentir, et mon expérience personnelle peut me servir ici de guide. Plus d'une fois le découragement m'a étreinte, me sentant comme à bout de ressources; je le croyais, (ne pensons jamais ainsi). Un effort vigoureux, une confiance inébranlable dans le succès définitif, ramenait le courage et parfois de nouvelles lumières sur un côté défectueux de mon travail; puis je me remettais à l'œuvre, non sans une secrète joie d'avoir en fin de compte trouvé plus que je n'avais perdu; et cette pensée m'était tout à la fois un stimulant et comme un garant pour l'avenir.

« Au cœur vaillant, rien d'impossible. » Voilà la devise que je voudrais laisser aux mères qui m'ont suivie jusqu'ici de leur intérêt sympathique. C'est celle d'un grand homme (1) qui a su, lui aussi, ce qu'est la lutte du dedans et du dehors, qui a vu plus d'une fois la défaite, sans jamais désespérer de sa cause; qu'elle devienne la devise de toutes nos mères, et l'on verra si la génération qui va suivre ne l'emportera pas sur celle-ci.

A la vaillance dans les douleurs physiques, (car elles en montrent) qu'elles joignent la vaillance morale, et, sans se laisser rebuter jamais, espèrent contre toute espérance. L'enfant qu'on ne cesse de suivre

(1) D'Aubigné.

avec sollicitude, jour après jour, sera gardé comme malgré lui par l'amour invincible des siens. Une mère disait une fois, à propos d'un jeune homme qui donnait mille sujets de crainte : il en est là, c'est vrai; mais un fils pour lequel on prie ne peut jamais tomber si bas que celui pour lequel on ne prie pas.

Voilà, mères, soucieuses pour vos enfants, votre ressource et la leur : tenez votre cœur et votre regard en haut!

IV

NOS VIEILLES FILLES

D'où viennent ces idées préconçues qu'on a en France pour les vieilles filles? Regardez autour de vous celles que vous connaissez, ne sont-elles pas en général d'honnêtes personnes? Je suis bien aise d'avoir ici l'occasion de dire un mot en leur faveur; non pas que je croie qu'elles en aient besoin, car ce sont peut-être les membres privilégiés de notre société actuelle, celles du moins qui ont assez pour se suffire.

Que voit-on aujourd'hui? Partout une agitation, une activité dévorante, un souci permanent; même dans les familles à l'abri du besoin, on ne trouve plus ce repos d'esprit que donnait autrefois une aisance relative. Auprès de nos vieilles demoiselles, tout est calme; il y a de la paix sur leur physionomie et parfois une bonté qui vous charme; on sent dans leur entourage un repos qui vous fait du bien.

Elles ont conscience, au reste, de ce qu'elles ont gagné à n'être pas mêlées au tourbillon tumultueux de la vie; ce qui ne veut pas dire qu'elles ont décidé de ne point s'y faire une place.

Il arrive souvent, au contraire, qu'une demoiselle exempte de charges pour elle-même, devient la providence de tout un monde, qui, sans son aide et sa sollicitude, connaîtrait sous mille formes les privations.

En général, la vieille fille est humble, sans pour cela manquer de dignité. On la tient pour si peu de chose! Elle le sait bien. Ne va-t-on pas jusqu'à lui faire un tort de sa position isolée, et la regarder un peu comme le rebut de la société? — Sans doute qu'autrefois elle n'a pas eu ce qu'il fallait pour plaire; c'est un caractère bizarre, original, et elle a été délaissée. — Ainsi pensera plus d'un esprit superficiel; aussi, ne cherche-t-elle jamais à s'imposer: vous réclamez ses services, ils sont prêts; vous n'avez plus besoin d'elle, n'ayez crainte qu'elle vous importune.

Une chose à remarquer, c'est qu'il y a peu de femmes célibataires dont on puisse dire qu'elles se conduisent mal. En ceci, il y a un abîme entre l'homme et la femme. Le célibat chez elle développe ses bons instincts: dévouement, esprit de sacrifice, douceur, charité, silence, piété; chez l'autre, il en fait souvent un être object. Je ne mentionne pas ici les rares spécimens qui, mauvaises jeunes, le sont peut-être encore plus âgées; car la vie de misère à laquelle elles se sont vouées doit devenir de plus en plus affreuses et les conduire à une dépravation telle que nous ne saurions bien sûr le supposer. Mais passons.

Je disais plus haut que chez nous, on tenait en

faible considération les vieilles demoiselles ; il n'en est pas de même chez nos voisins. Elles tiennent leur place, sinon dans les affaires, du moins dans l'affection ; et j'ai vu, ici et là plus d'une famille heureuse d'avoir sous son toit telle vieille amie, telle vieille tante, qu'on entourait de respect et de tendresse et qui rendait avec usure cette affection, apportant dans tout un désintéressement, une habileté qui en faisait souvent le membre le plus apprécié de la maison.

Chez les Allemands, que nous n'entendons certes pas vanter, se trouve particulièrement ce trait. Qu'on peut voir là de vieilles filles heureuses ! de jeunes vieilles filles ; point moroses, alertes, de toutes les parties, figurant encore au quadrille à cinquante ans (dans la maison s'entend), et cela de la meilleure grâce du monde.

Autre chose qui plait chez la femme allemande, c'est l'attachement inaltérable qu'elle voue à l'amie de sa jeunesse. Une fois que son choix est fait, il n'y a ni mariage ni distance qui refroidisse cette amitié ; l'amie a sa place dans la maison de celle qui se marie et comme autrefois sa place dans son cœur ; on ne la lui conteste pas.

Il est touchant de voir ces marques d'affection partagées entre le mari et la femme pour l'ancienne amie. Celle-ci accepte, très naturellement et sans gêne aucune de prendre place à ce nouveau foyer ; une fois là, elle dispose de tout : va, vient, commande, sans que personne en soit étonné ou froissé. C'est bon de se sentir au large, sous un toit étranger après tout.

On reproche souvent aux vieilles filles d'être égoïstes : c'est faux ! Il y en a ni plus ni moins qu'ailleurs des égoïstes ; et s'il en est qui paraissent telles, cherche-t-on à en deviner les motifs ? Les rentes ne se cueillent pas à la volée ici-bas ; est-il donc surprenant qu'une faible femme, n'ayant personne pour la seconder et se sentant vieillir avec cela, ne soit circonspecte ? C'est merveille même de voir comment avec si peu, une demoiselle parvient souvent à se créer une vie relativement douce. Parce qu'elle est sobre, ordonnée, économe, faudrait-il qu'elle se dépouille du peu qui l'aide à faire face à ses dépenses ? — ainsi le voudraient ceux qui, à côté d'elle, n'ont jamais su ce qu'était l'économie. — Soyez tranquille, si ce sont des membres de sa famille, elle se privera plus d'une fois pour leur procurer telle douceur, telle fantaisie, et n'y songera même pas pour elle.

Oui, on est généralement injuste pour cette femme, qui, avec les mêmes avantages que tout autre, a refusé de se marier, parce qu'elle n'a pas trouvé de sujet digne de son choix, d'homme à qui elle eut pu donner toute sa confiance. Et, si de loin elle a mesuré le vide qui se ferait autour d'elle, prévu l'isolement qui l'attendait, cela ne l'a point empêchée d'obéir à sa conscience qui ne lui permettait pas d'accepter une union contre laquelle son cœur protestait.

Une demoiselle, ayant passé un certain âge, sera non-seulement exposée au dédain de son entourage, mais fort rarement elle jouira de quelque considération dans sa propre famille ; s'il en est, qui l'y rencontrent, c'est l'exception. On dirait qu'elle gêne, qu'elle est de trop, et comme prédestinée à leur être un fardeau; c'est à peine si l'on sait garder les apparences, même on ne le fait pas toujours.

Que devient, dans une telle atmosphère, une âme sensible et délicate ? n'y a-t-il pas de quoi la miner peu à peu ? Si c'est un esprit indépendant, elle saura se tenir à l'écart et dérouter la malveillance; néanmoins quel triste lot ! Ne pouvoir espérer de trouver une sympathie réelle, même auprès des siens, n'est-ce pas le comble de l'égoïsme, de la dureté, de faire sentir ainsi doublement l'absence du foyer à celle qui en est privée ?

Notre société en a plus d'une à sa charge. — Arrière les importuns ! voilà le mot à l'ordre du jour; du père, de la mère aux enfants, c'est la même filière d'egoïsme : *Nous* seulement, les autres, qu'ils s'arrangent.

Heureusement, nos vieilles filles peuvent se passer d'une affection qu'on leur mesure si chichement. Ne le voient-elles pas ? Quelle valeur peuvent-elles bien attacher à ce qu'on leur sert avec tant de parcimonie ? Le don ne vaut que par le sentiment qui l'inspire; je me soucie comme de rien d'une chose qui m'est donnée par calcul ou par convenance. Laissez-moi le chant des oiseaux, le murmure de la brise, les échos du soir : là tout est vrai; j'en jouis avec ravissement, je me repose du triste spectacle des hommes. Cœurs fatigués, rebutés par la malveillance ou l'intrigue, lassés de vos semblables, venez vous asseoir au pied du saule dans la prairie; ce silence de la nature, comme il apaise et repòse ! Plus de visage maussade ou dédaigneux, le soleil vous sourit, les arbres et les fleurs, et de là haut Dieu vous regarde ! Ame solitaire, reprends courage et laisse-toi consoler, tu as deux refuges : la nature et ton Dieu qui l'a préparée pour toi.

A tort ou à raison, on reproche encore aux vieilles filles des manies. Il se pourrait que, toujours avec elles-mêmes, elles aient désappris les exigences de la vie de famille : on ne peut leur en faire un crime. Les gens mêmes mariés, qui n'ont pas d'enfants, gardent tous une teinte d'originalité, de gaucherie, qui leur vient de n'avoir pas eu l'occasion d'exercer des facultés latentes, mais auxquelles rien n'a fait appel; il en est de même pour la demoiselle : donnez-lui les moyens de se dépenser, ouvrez-lui une carrière où elle ait à se dévouer, vous verrez souvent des prodiges.

Un cœur de femme ne dégénère pas, ne se méconnait pas ; celle qui reste passive y est forcée soit par sa santé, soit par les circonstances. Cessons de vouloir placer à un rang inférieur des créatures que la Providence a privées des joies de la famille, mais, mises aussi à l'abri de bien des douleurs ; et soyons persuadés qu'il se trouve parmi ces femmes isolées plus d'une âme d'élite, dont les sentiments nobles et élevés nous feraient peut-être rougir des nôtres.

Faut-il s'étonner si elles se montrent parfois gauches et timides ? le monde où nous vivons est si différent du leur. Pourquoi ne nous vient-il pas à l'esprit de nous demander aussi quelle peut bien être, de leur côté, leur opinion sur notre compte.

Croyez-vous que, dans la réserve où elles se tiennent, quelques-unes de nos licences ne leur paraissent pas monstrueuses? et croyez-vous encore que cela n'est pas propre à les retenir chez elles ou à les y faire rentrer le plus vite possible? Par licences, j'entends une certaine liberté de langage, bien propre à effaroucher des oreilles chastes et habituées à ouïr toute autre chose; j'entends encore nos brusqueries qui parfois vont jusqu'à l'inconvenance et qui les humilient; leur façon de vivre ne les a pas accoutumées à ces rudesses; elles font bien de ne pas s'y exposer, car je ne vois pas à quoi elles servent. J'entends aussi par là notre esprit de moquerie, qui aime à s'exercer de préférence sur des sujets sans défense; et tant d'autres choses que chacun devine. Elles le voient venir de loin, croyez-le; n'ont-elles pas raison de se refuser à nous servir de cible?

Voilà, à mon avis, ce qui fait leur étrangeté. On les remarque plus que d'autres, elles n'en sont pas à l'ignorer, aussi cherchent-elles à se soustraire aux traits acérés d'un monde méchant. L'esprit caustique français ne ménage guère ses victimes; il est dur parfois dans ses épigrammes mordants; je plains ceux qu'il atteint, car ceux-ci laissent plus d'une blessure, quelquefois lente à se fermer.

Nous venons de voir aux dépens de qui il ne craint pas de s'exercer; ce qui paraîtra sans importance à beaucoup peut être. Du tout; il y a là un fâcheux antécédent. Plus d'une demoiselle, voyant se passer la fleur de l'âge, se sent comme étreinte par une angoisse secrète à l'idée de se trouver seule sur le chemin, en butte au sarcasme et à la dérision; cette crainte en amène plusieurs à contracter une alliance qui leur répugne, mais qu'elles préfèrent encore à la perspective de se voir délaissées.

Un fait digne de remarque, c'est que parmi celles qui se marient sur le tard, on trouve généralement des femmes modèles : bonnes épouses, bonnes mères si elles trouvent des enfants; femmes d'ordre en même temps; paisibles et pleines de qualités que rehausse leur humilité.

Voilà la preuve la plus plausible que ce cœur n'était point désséché, ami de ses aises avant tout. Il a trouvé à se donner, il l'accepte; et cela sans bruit, sans ostentation, comme si son lot était d'être toujours méconnu.

Il est plus d'un homme qui se félicite d'avoir trouvé une telle aide. Ce ne serait pas une jeune femme qui resterait ainsi dans sa maison, à réparer le tort que l'absence d'une main féminine avait causé dans cet intérieur. Et ainsi elle sera jusqu'au bout, dans son silencieux dévouement, privée des affections douces et tendres, qui sont surtout le lot des jeunes, n'ayant connu de la vie que l'austérité et les sacrifices.

Quand une demoiselle a encore sa mère, la solitude est moins à craindre. Ce rôle d'enfant, gardé longtemps auprès d'un père, d'une mère, lui fait oublier que le temps s'envole et, dans le meilleur sens du mot, il trompe son ennui. Quoi de plus dévoué pour ses vieux parents, dont elle est le rayon bienfaisant! Alors elle se trouve heureuse, se sent à sa place. Consacrer ses forces et sa vie à ceux dont elle tient l'existence, rien ne lui paraît plus digne d'occuper son cœur et ses mains; beaucoup se sont données à cette tâche filiale, volontairement et par libre choix.

Heureuse celle à qui ils sont conservés dans un âge avancé; il ne lui reste plus qu'à les suivre doucement dans le déclin de la vie: sa mission est remplie: elle n'a point connu ces anxiétés d'un cœur qui s'use pour lui seul. Arrivée au moment où le poids des ans se fait sentir, elle se recueille dans les dernières forces qui lui restent, laissant le passé, oubliant les espérances un moment entrevues, puis envolées pour toujours; c'est en avant qu'elle regarde, vers la consommation des temps qui s'approche.

Toutes, il est vrai, n'acceptent pas, de gaité de cœur, cette société perpétuelle de vieilles gens; témoin cette demoiselle ayant passé la trentaine et qui avait chez elle une vieille tante, dernier représentant d'une génération évanouie.

Bonne et aimable, portant allègrement le poids de ses soixante ans, elle n'avait pas le don de plaire à sa nièce qui faisait peu attention à cette excellente femme. Si encore c'était un oncle, me dit-elle une fois d'un air moitié sérieux, moitié plaisant. L'oncle l'aurait amusée, ils se seraient taquinés, ce qu'elle aimait fort; de plus, il lui aurait été plus facile de s'en occuper ou de le négliger, selon sa fantaisie. J'ai vu une fois cette bonne vieille tante malade, sans qu'elle s'approchât de son lit de toute une journée, et la pauvre femme gémissait tout bas de se voir ainsi délaissée.

La nièce ne se rendait peut-être pas bien compte alors de sa dureté; ayant une vie très occupée, le devoir de soigner sa tante venait sans doute en dernière ligne ou même n'entrait-il pas dans son programme. Pour celle-ci, j'ai bien peur qu'elle ne fasse une vieille fille égoïste. Dans tous les cas, les soins qu'elle a portés à son unique tante, n'attireront pas sur sa vieillesse cette sympathie désintéressée si douce à cet âge, et la sécheresse de cœur dont elle a fait preuve pourrait bien lui préparer un triste avenir.

La vérité m'a fait un devoir de rappeler ce trait aussi peu intéressant que rare; tandis qu'on en trouverait cent autres pouvant lui servir de contre partie. Par exemple ces trois sœurs, institutrices, qui toutes ont vieilli après avoir consacré leur jeunesse à travailler pour acquitter les dettes qu'avait laissées leur père. Quelles aimables vieilles dames! On les trouvait régulièrement assidues au travail dans leur modeste petit salon, et toujours prêtes aussi à vous accueillir amicalement; jamais on ne les entendait se plaindre ou des hommes ou des choses; c'était de vous uniquement qu'elles s'occupaient, discrètement d'ailleurs; et si vous aviez sur le cœur quelque peine légère, sans laisser voir qu'elles le devinaient, une bonne parole toute d'à-propos venait écarter le nuage, et on sortait en se félicitant d'être venu s'asseoir là quelques instants.

Oserions-nous maintenant porter une main légère sur ces vies si dignes de sympathie et de respect? Je m'assure que plus d'un pensera qu'il est temps de changer de méthode, d'appeler bon ce qui semblait usé et utile ce qui paraissait de nulle valeur. Puis, si nous voulons nous guérir tout à fait de nos préjugés à l'égard de nos vieilles demoiselles, allons quelques heures par semaine nous asseoir à leur foyer solitaire: (que nous soyons hommes ou femmes), peu importe; portons-y un peu de cette chaleur de cœur, de cet intérêt qui se devine et se reconnait si bien, non le secret désir de nous amuser de certaines excentricités que notre cerveau seul invente et crée, et nous verrons que nous aurons tout à gagner à ces rapports. Apporter quelques étincelles de joie, de vie à ce foyer désert, n'est-ce pas un devoir qui s'impose comme un autre? « J'étais étranger et vous m'êtes venu voir », cela ne veut-il pas dire aussi : J'étais isolé et vous ne m'avez point laissé seul.

Comme nous mettons peu de soins à tous ces petits détails, traitant cela d'insignifiance, de naïveté sans doute! Mais, non! c'est la trame dont la vie est faite de ces petites choses; et si l'une laisse un vide, n'occupe point sa place, il y a donc désharmonie dans le corps tout entier.

Nous n'avons pas trouvé qu'il fût indifférent d'aborder ce sujet si ingrat en apparence; puisque tout se tient et se lie, il fallait aussi élever la voix contre un abus peu remarqué, mais qui entraine plus d'une fâcheuse conséquence. Les vieilles filles ne comptent pour rien dans notre société actuelle, on les laisse à l'écart; eh bien! j'ai voulu dire que cela était injuste et frisait la dureté; qu'on ne se donne pas la peine de les comprendre, de les connaitre, qu'elles peuvent valoir beaucoup mieux que leurs détracteurs, et qu'en général elles honorent leur sexe par leurs vertus privées.

Je ne me suis point occupé du rebut qu'on pourrait m'opposer ici; j'affirme qu'il constitue une faible minorité : il n'a aucun poids dans la balance.

Nos vieilles demoiselles ont droit à la considération, aux égards. Le naturel français, si aimable quand il le veut, peut trouver là l'occasion de s'exercer, non au persiflage, à la malice, mais en ce qu'il a de meilleur : à la générosité de sentiments, à la défense du faible.

Nous ne saurions dire quelle sympathie nous inspire tant de cœurs privés de la vie de famille, rivés à une existence d'une monotonie accablante. — Ne rien voir au-delà de leur horizon borné; ne point connaître le bonheur de se donner, de se dépenser; sentir une vie qui s'échappe et qui a manqué son but! — Oui, je les plains ces cœurs déshérités, même de nos douleurs; car n'est-ce pas déjà un bonheur de sentir que d'autres les partagent avec nous et nous soutiennent de leur amour? Faisons-leur donc une place toujours plus large à notre foyer; retenons-les-y le plus longtemps possible, cherchons à égayer leur solitude, et surtout donnons-leur une part dans notre tendresse et nos soins.

« Faites aux autres ce que vous voudriez qui vous fût fait. » Cette règle d'or trouve ici une nouvelle application. Elle s'adresse particulièrement à nos femmes et à nos filles; c'est à elles que revient de droit l'honneur d'entourer d'affections et de prévenances celles qui les ont précédées dans la carrière.

Nous comptons sur la bonté si naturelle au cœur de la femme, et nous aimons à croire que plus d'une se sentira pressée de réparer en quelque mesure, les injustices du sort envers leurs sœurs moins favorisées.

V

NOS GRAND'MÈRES

Connaissez-vous de tableau plus attachant qu'un de ces beaux visages de femme, sur lequel le temps a passé sans poser sa main destructrice, et en a respecté les charmes ? Telle nous aimons à la voir formant le centre d'une famille heureuse, celle qui en reste toujours la plus caressée, la plus choyée.

Cette physionomie sereine, dont le regard bienveillant dit tant de choses calme et repose ; on aime à se tenir dans cette atmosphère de paix et de bonté. Mais que d'étincelles il jette aussi ce regard ! Avec ce coup d'œil exercé de ceux qui ont beaucoup vécu, il vous pénètre de part en part, et vous sentez que rien ne lui échappe. Heureuses les épouses à qui il est donné de compter longtemps sur leurs mères; heureuses les jeunes filles à qui est conservée cette ombre tutélaire pour suivre leurs premiers pas dans la vie ! Elles sont si bien, assises aux pieds de leur aïeule ! — Notre grand poète l'a vu ainsi : — « Ecoutez ces douces causeries : Regardez ces visages émus, souriants? Ne sent-on pas comme un souffle du ciel passer sur ces fronts purs? — L'un y va, l'autre en arrive... » —

C'est un des privilèges de la femme de conserver et la fraicheur de sentiment et la jeunesse de cœur : elle revit dans les siens. Vraiment, il lui fallait bien ce dédommagement à ce qu'elle a souffert en leur donnant la vie! Et Dieu, qui sait toujours rendre dix fois autant, quand d'un côté il demande, l'a fait merveilleusement à l'égard de la femme qui est par-desus tout un monument de son amour.

Quelle est cette voix au timbre doucement modulé, qui reprend et conseille à la fois, toute faite d'autorité et de grâce ?... C'est celle de l'amie de tous : du petit enfant qui lui tend les bras dès son berceau, de sa mère quand il lui devient un sujet d'inquiétude ou d'alarmes; de l'écolier qui craint les reproches et lui remet sa cause, de la petite sœur dont une maladresse a cassé le bras de sa poupée, et que sais-je encore? Elle a une parole d'apaisement pour chacun, une ressource pour tous les besoins, et surtout une main habile pour refaire ce qui est mal fait. Précieux trésor; ornement incomparable d'une demeure, qu'il fait bon vous posséder!

La femme a cet avantage sur l'homme, qu'elle peut poursuivre son activité jusqu'au déclin complet de ses forces. Ses doigts sont tellement rompus à la besogne, qu'elle la fait sans s'en douter; tandis qu'il vient un temps où l'homme est forcé de renoncer à telle activité extérieure qui demande plus que ses facultés épuisées peuvent fournir.

Si la femme âgée n'est atteinte d'aucune infirmité,

on la verra toujours alerte et animée comme aux jours d'autrefois. Un fait qui m'a souvent frappée, ça été de rencontrer beaucoup plus de vieillards s'appuyant sur leurs femmes, que celles-ci conduites par leur mari ; on serait porté à croire qu'aussi chez l'homme les facultés intellectuelles baissent plus vite.

Nos vieilles dames françaises en particulier, ont ce quelque chose de piquant et d'enjoué, qui fait plus que toute autre, priser et rechercher leur société. Quelle charmante bonhomie dans leur conversation; quel bon goût ! Oui, elles sont nos maitres. On les voit revenir volontiers sur le même sujet; on les écoute avec admiration sans se lasser de les entendre; il y a tant d'intérêt dans tout ce qu'elles racontent. Ces yeux brillants qui pétillent d'esprit et de finesse, qu'on voit se jouer à travers les lunettes; ce front ridé, mais calme et pur comme le soir d'un beau jour; cette physionomie ouverte où respire une bontée attendrie et qu'on dirait entouré d'une auréole lumineuse, tout cela retient et force le respect ! On est ému; on voudrait s'agenouiller auprès d'elles, demander aussi une caresse à cette main si blanche et si fine qui semble faite pour bénir.

D'où vient ce rayonnement, cet attrait, si ce n'est de cette lumière intérieure qui vit en elles et dont les reflets transforment leurs traits amaigris? Si l'on veut une preuve de l'essence divine de l'âme, celle-ci ne s'impose-t-elle pas entre toutes ?

Vous ne trouverez pas cet épanouissement d'une nature paisible et sereine sur les traits qu'a flétris le vice; il y a entre elle et lui un abime; car les troubles des passions laissent même au physique une empreinte indélébile. On peut avoir déploré ses écarts, pleuré sur ses fautes, le remords a pu se calmer sous l'effort d'un sincère repentir; la joie ne revient plus, cette joie pure et confiante, apanage d'une âme non troublée; un seul regard jeté sur le passé suffit pour ramener la honte au front et ne laisser ensuite qu'un visage triste et résigné.

C'est au contact de ces belles vies, grandes surtout par l'abnégation, que nous avons besoin de prendre des leçons pour nous-mêmes d'abord. C'est à elles que nous irons demander le secret de rester toujours jeunes et vaillantes, pour suivre d'un pas ferme et sûr le sentier de la vie.

Leur histoire ? Nous l'entendons raconter tous les jours. Elles ont été de simples jeunes filles, j'entends par le sentiment à l'égard du mal, et simples elles sont restées une fois épouses et mères; (simplicité ne veut pas dire ici gaucherie, c'est parfois, au contraire, le goût idéalisé), les devoirs ont surgi, multiples, divers; rien ne les a étonnées, découragées, et elles ont fait face à tout.

De telles femmes sont vraiment le bras droit de leurs maris; sur elles, ils peuvent se décharger complètement de leurs soucis intérieurs; et, quant à ceux du dehors, plus d'une fois leur sagacité a réussi à les soulever ou à les écarter; ceux qui ont été secondés par elles, savent toute leur constance et leur perspicacité, tous les conseils excellents qu'ils en ont reçus, toute la force d'âme qui a soutenu plus d'une fois la leur. Les enfants ont grandi dans cette atmosphère de saine activité, de mœurs pures ; ils n'ont rien vu de supérieur à leur mère, de plus digne d'être aimé, et c'est elle aussi qui reçoit tous leurs hommages. Plus tard, les fils se sont cherchés des épouses d'après son modèle; ils ne voulaient pas moins; ses filles ont été recherchées par des hommes que les hautes vertus de la mère recommandaient à leur attention ; et, d'un tronc sain et vigoureux, sont sortis des rejetons vigoureux et sains, qui ont formé à eux tous ce cadre nettement dessiné d'une famille heureuse et prospère dont la mère et les enfants forment le tableau.

Voilà tout le roman d'une femme vertueuse : et telle vie, telle fin. Elle a tenu d'une main ferme les rênes de sa maison, n'a pas craint la peine; se levant tôt, se couchant tard; il ne fallait pas laisser le travail de la veille encombrer celui du lendemain. Puis, de ses doigts agiles, elle trompait les nuits, sans que pour cela son front en fut assombri ou sa bonne humeur altérée : ainsi elle s'est fait une santé robuste.

La voici à la fin de sa journée; ses enfants et ses petits-enfants la chérissent et l'admirent. Elle leur a montré, dans un exemple vivant, la différence entre celui qui se met résolument au devoir et celui qui diffère : c'est le plus puissant des moteurs celui-là. Ne me dites pas : faites comme ceci, faites comme cela; montrez-moi comment *vous* vous faites, je comprendrai tout de suite.

Oui, je comprendrai, si vraiment vous êtes conséquent avec vous-même, si vous savez bien la leçon que vous voulez me donner ou si vous avez encore à l'apprendre. Quand la mère marche d'un pas sûr, l'enfant la suit; il n'y a que les tout petits pour craindre, quand, par exemple, elle va trop près des parapets du pont. « Maman, prends garde de ne pas tomber, disait un cher petit garçon à sa mère, en avançant la main comme pour la protéger. » Touchant instinct qui, voyant le danger, sent que ce n'est pas une mère qui s'y expose et s'étonne qu'elle ne le voie pas.

Là où il fait bon surtout de les avoir, nos chères aïeules, c'est près d'un lit de souffrances. Avec quelle promptitude elles devinent, avec quelle dextérité elles exécutent : en un clin d'œil, elles ont déjà ce qu'il faut. Ah ! c'est que leur longue vie leur en a tant appris ! Tant de fois elles ont dû s'ingénier pour suffire à ce qui manquait, qu'à défaut de ressources elles en créent; et quelle patience, quelle tenacité ! on dirait que la fatigue passe à côté d'elles. Les eunes se lassent, succombent vite à la peine; elles, supportent vaillamment les longues veilles et les crises les plus pénibles; on ne saurait dire si c'est l'esprit qui soutient le corps, ou celui-ci qui maintient l'autre sain et dispos. Tout porte à croire qu'ils réagissent l'un sur l'autre, mais que la force de la volonté y a la plus grande part.

C'est ici le lieu de reconnaître que la femme se survit à elle-même. Après avoir fourni sa carrière et donné tout ce qu'on était en droit d'attendre, si l'heure du repos n'a pas sonné, elle continuera sa marche laborieuse et la mort la trouvera encore sous les armes. En ceci, la femme l'emporte sur l'homme : ne dirait-on pas que la Providence a préparé ce retour des choses ? Lui, la tête, le pourvoyeur, l'être indispensable, devient à son tour dépendant; il a besoin des autres. Que serait-il cet homme sans la femme dont il reçoit tout ?

Y avez-vous jamais songé dans la plénitude de vos forces, hommes qui lisez ceci ? Qu'est-devenu l'orgueil du sexe fort ? Il est tombé plus bas, il s'est affaissé, veux-je dire, quand sa faible compagne, meurtrie par les luttes de l'existence, se tient encore debout courageuse et ferme. Ayez donc un peu plus de respect, de considération pour cette femme, et rappelez-vous qu'elle est votre égale et vous dépasse souvent par son courage moral et son abnégation.

Si nous nous sommes arrêtés auprès de la femme âgée, c'est que nous sentions le besoin de nous fortifier à son exemple. Nous avons voulu la suivre dans ce qu'elle a de marquant; il y aurait bien plus à dire, si nous osions pénétrer dans son intimité; mais nous la respectons trop. Laissons-lui ses heures de recueillement et de silence, faire la revue de tout ce qu'elle a perdu et de ce qui lui reste; nous n'oserions dire que son cœur plane toujours dans les sphères sereines, que l'abattement et la tristesse lui sont inconnus. Oui, elle les sent, mais n'en est point assombrie, car il lui reste un suprême espoir : encore un pas à franchir, quelques étapes à parcourir et le repos lui sera donné. Voix du présent, voix du passé, tout la sollicite à la reconnaissance. Elle a traversé ce désert sans jamais manquer de rien, parce qu'elle a compté sur elle-même d'abord et sur Celui qui se plait à enrichir l'âme courageuse et sans faiblesse.

C'est le privilège des natures sérieuses de voir se renouveler leurs forces à mesure qu'elles avancent;

on éprouve une sorte d'apaisement à les considérer, tant elles portent allègrement le faix de la vie. Courage et bonne humeur! telle, on dirait, est leur devise. Il y a bien, en effet, quelque chose de semblable; car nous les voyons avancer toujours d'un pas égal et surpasser de beaucoup les natures les mieux trempées, mais qui n'ont point leur secret.

Voilà ce qui donne à nos grand'mères cet attrait qui nous retient et nous captive. Nous les sentons en possession d'une force qui nous manque, et involontairement, nous leur envions ce talisseman, don divin que leur a acquis leur fidélité.

On pourrait se demander si ces excellentes femmes ne se trouvent pas quelque peu dépaysées dans notre société moderne? En ont-elles vu passer et repasser des systèmes de toute nature, remplacés par d'autres bientôt remplacés encore! Comment se reconnaître dans ce cahos confus de choses et d'idées, se heurtant, se remplaçant et finissant par disparaître dès qu'une idée nouvelle a paru. Tout cela est bien fait semble-t-il pour qu'on regarde en pitié notre monde. Mais elles, voient de haut, de loin, leur regard embrassent les choses passées et les choses présentes. — Tout valait mieux de notre temps, pensent-elles tout bas, et elles ont raison : autrefois, tout avait plus de durée.

Supposons-les assez actives (et il y en a), pour suivre de près, comme nous l'avons fait ici, la jeunesse féminine. Elles qui se trouvaient bien favorisées d'échanger la robe d'été pour la robe d'hiver, quel ne doit pas être leur étonnement en voyant tout ce qu'il faut de rechange à nos jeunes dames pour traverser les quatre saisons.

Alors, les filles se paraient des toilettes de leurs mères, et ce n'était pas les moins exquises : telle coiffure, tel vêtement pouvait se transmettre d'une génération à l'autre : On a fait du chemin depuis. Assez mal vue, est celle qui ose porter un chapeau retapé ou une mantille surannée; il faut suivre le courant de la mode, l'élégance le veut ainsi, lors même que le bon goût y perdrait.

Et il y perd. Demandez à nos anciennes ce qu'elles en pensent ! Bien sûr, elles auraient dû se moquer un peu plus de nous, nous méritions leurs pamplets, et ce n'est que la charité apparemment qui les a retenues; pourtant elles ont bien vu qu'en déformant le corps, ces façons excentriques et ridicules en arrivent à déformer l'esprit.

Voyez-vous beaucoup de jeunes femmes à la physionomie sérieuse et dont l'air impose ? Il faudrait chercher entre mille, vous n'en trouvez pas. Leurs grâces naturelles, leur caractère, dirais-je, disparait sous ce costume semi-masculin qui n'est point fait pour elle et ne leur sied point. A la place de ces bandeaux soyeux qui rehaussent si bien un beau visage, qu'avons-nous ? Une coiffure impossible, capable de contrefaire celle qui la porte, et dont l'origne est au reste des plus équivoque. Quelques-unes pourtant ne sacrifient point à l'idole du jour et savent allier la dignité et la grâce à une simplicité de bon goût; mais qu'elles sont rares ! On peut être sûr d'avance que là se trouve un vrai cœur de femme, celle dont un auteur a dit « qu'elle ne saurait plus être coquette si elle est vraiment mère ».

Il est aussi une qualité que nos jeunes modernes

auraient besoin d'acquérir : c'est la sobriété, la frugalité. Nous mangeons trop, disait récemment quelqu'un qui cherchait à prouver que trop d'aliments absorbés influent sur l'esprit et l'engourdit; et trop d'excitants, aurait-il pu ajouter, qui nuisent aussi à leur manière et plus qu'on ne croit.

Nous le crayons sans peine. Il est facile de constater que la santé en souffre la première, puisque autrefois, où l'on vivait de peu, il y avait beaucoup plus de tempéraments robustes qu'aujourd'hui.

Nous ne voulons pas dire que nos jeunes femmes soient gourmandes, non; mais trop délicates, trop raffinées. Hélas! on les a un peu façonnées à cela; beaucoup du moins. Qu'elles considèrent de quoi vit leur aïeule? de si peu. Chez elle, jamais de malaises, de vapeurs et tant d'autres misères : cortège apparent d'une gêne inexplicable au moment, mais qui a sa source dans un excès quelconque; nos grand'-mères pourraient vivre aisément avec la moitié de ce qu'il nous faut à nous, et encore nous nous plaignons, sans parler de toutes ces fantaisies réputées indispensables qu'elles ne connaissaient pas même de nom.

Qui les a fait naître ces besoins factices, si ce n'est une recherche trop minutieuse de sa personne, qu'on pousse à l'excès quand il s'agit des besoins du corps? Car tout s'en suit : vêtement, confort, luxe, etc ; ce n'est jamais fini : on craint la pluie, ou bien le grand air, ou encore l'air du soir ; il faut des appartements où règne une température égale, ou l'on prend mal : c'est quelque chose d'inouï ! Plus d'une septuagénaire qui le voit ou l'entend doit rire de tant de précautions. Elle n'a jamais tant calculé, et les intempéries ont passé, sa constitution n'en a reçu aucun préjudice, quoi qu'elle ait moins songé à s'en garantir.

Nos grand'mères nous apprennent donc l'économie ; cette économie sage et entendue des forces comme des ressources, qui consiste à simplifier la vie dont les exigences deviennent de plus en plus impérieuses. Si on ne se garde de ce côté là, le relâchement moral est inévitable, car rien ne ruine l'homme comme l'amour de ses aises ; et où l'un et l'autre nous conduiront-ils ?

Cette question n'est pas du tout une question oiseuse, tant s'en faut ; elle comporte tout un monde de malheurs inéluctables, si l'on ne s'efforce pas de remonter le courant. Où irons-nous donc apprendre cette leçon si nécessaire, non seulement de savoir employer la vie, mais de savoir surtout user de la vie ? Nous l'avons déjà dit : les meilleurs exemples ne seront donnés que par ceux qui ont le mieux vécu.

Allons donc nous asseoir aux pieds de nos vénérables aïeules, prêtons une oreille attentive au récit de leur longue et laborieuse vie ; voyons-les agir et pénétrons-nous de cet esprit d'abnégation sous toutes ses formes qui les caractérise. Etudions leurs traits aimés : ils nous diront que la lutte a été longue, parfois douloureuse, mais qu'il n'est pas de cœur vaillant qui n'en sorte victorieux. Admirons leur paix, leur sérénité et désirons-la pour nous mêmes, nous ne la trouverons, soyons en bien persuadées, que dans l'accomplissement consciencieux, austère du devoir ; car il n'y a que le cœur en paix avec lui-même qui puisse montrer un front paisible et joyeux.

Nous nous sommes étendue longuement peut-être sur ces figures aimées; c'est que nous sentons qu'elles vont nous échapper; et après qu'elles auront disparu, qui nous parlera de grandeur morale et de perfectionnement, qui saura mieux qu'elles nous redire la valeur réelle des choses ? où trouverons-nous des éducateurs qui les égalent, puisque à la connaissance elles joignent l'expérience, acquises l'une et l'autre aux leçons même de la vie.

Aussi bien, tout doit converger vers ce but : grandir, grandir encore, monter, monter plus haut, jusqu'à ce que le regard plane serein au-delà des petitesses de ce bas-monde; autrement, vaut-il la peine de vivre ? N'y a-t-il pas en nous cet être immortel qu'il faut soigneusement garder des atteintes du mal et préparer à ses hautes destinées ?

Prenons garde de nous méconnaître; défions-nous de notre incurable légèreté ; tout passe et nous aussi : attendrons-nous à demain pour nous mettre à l'œuvre ? Demain ! y pouvons-nous compter ?

Ah ! que rendues sages par tant d'avertissements passés et présents, nous commencions une vie mieux réglée, c'est-à-dire plus conforme à notre caractère de créatures responsables : nous souvenant qu'une belle fin, ne peut être que le couronnement d'une belle vie.

IV

NOS SERVANTES

Il m'a semblé qu'une petite place devait être réservée ici à celles dont la meilleure partie de l'existence est employée à nous servir, dont nous réclamons le dur labeur et quelquefois les travaux le plus rebutants.

C'est un autre côté de la vie de la femme à envisager. Il ne ressemble, en effet, à aucun de ceux qui ont été vus précédemment, et je crois qu'il y aura profit pour toutes à nous y arrêter quelques instants.

Il me faudra en même temps dire un mot sur la maîtresse, on ne pourrait guère les séparer, car en parlant de l'une on parle nécessairement de l'autre.

J'éprouve une grande sympathie pour toute personne qui passe sa vie dans la dépendance d'autrui; je crois que c'eût été pour moi la plus dure des épreuves; et c'est bien volontiers que je prends en main la cause de nos subordonnées.

Une des meilleures preuves de la bonne tenue d'une maison, c'est la bonne tenue des domestiques.

Si, en entrant dans quelque intérieur, vous voyez se jouer un air narquois ou obséquieux sur la figure du personnage qui vous introduit, vous pouvez juger d'avance du genre des habitants. Des maitres dignes ne supporteront jamais quelqu'un de mal élevé autour d'eux. Et qu'on n'objecte pas qu'ils peuvent l'ignorer; cela ne s'ignore pas; à moins qu'on ne soit tout à fait aveuglé, un domestique ne vous en imposera pas longtemps et vous saurez bien vite à qui vous avez à faire.

Il y a des servantes bien peu intéressantes, avec lesquelles tout essai d'amélioration semble perdu et qui sont une lourde croix pour ceux qui les emploient incidemment. Heureusement, elles se délient aussi promptement qu'elles s'engagent ; et là où elles se voient observées, suivies de près, leur parti est bientôt pris : elles cherchent ailleurs.

Une grande plaie de nos jours, ce sont les bonnes à tous les degrés et sur lesquelles il est difficile de compter, même après recommandation. Cela vient il de celle qui est servie ou de celle qui sert ?

Sans vouloir être injuste, on peut remarquer que l'effort à la patience, au support, se trouvera plutôt du côté de la maitresse que de la servante. En général, elles ne sont pas modestes; il est difficile de les amener à changer leur manière de faire et d'adopter celle de votre intérieur. Avec les plus souples, on y arrive; mais que de sourdes colères en dessous et d'impatiences cachées; il est pourtant de la plus simple logique que chacun suive la règle établie dans une maison : quelle sote prétention montre une jeune fille qui ose la critiquer !

D'un autre côté, il se peut qu'une bonne et brave fille ait à faire à une maitresse incapable et désordonnée; alors, il faut la plaindre, car elle sera toute la journée sous une avalanche d'ordres et de contre-ordres qui poussent à bout l'esprit le mieux équilibré.

Il y a encore de bonnes domestiques, nous n'en disconvenons pas; mais c'est l'exception, le plus grand nombre valent peu. Bien souvent la tuile la plus lourde, dans une famille, c'est la servante, qu'on est quelquefois forcé de tolérer en raison d'une aptitude surtout essentielle dans la maison où elle sert.

C'est donc une triste nécessité qu'être obligé de se faire servir ; ceux qui sont à nos gages ne s'en doutent pas. Aussi, puisque de plus en plus le service est mauvais, pourquoi ne pas habituer nos jeunes filles à se servir elles-mêmes ? Elles y trouveraient plus d'un avantage. Premièrement, le développement de leurs forces physiques, qui ne peut qu'être hâté par une saine activité ; ensuite, une économie facile à constater, car chacun sait ce que coûte une domestique, sans parler de ce repos d'esprit si précieux en soi, et qu'on y gagne encore On ne manque pas de soucis ailleurs; s'il est possible d'en soustraire d'un côté, il en restera toujours assez; là où une bonne n'est pas indispensable on a donc grand tort de se charger de ce fardeau.

Aujourd'hui, chacun veut écarter la peine, l'effort personnel; on redoute le travail, on a peur de se salir les doigts. Cependant la loi du travail est pour tous; ceux qui éludent la loi ne sont pas pour cela hors la loi; ils doivent leur tribut à cet ordre de la nature dont aucun n'est exempté; et il n'est pas étonnant que ceux qui s'y refusent rencontrent des embarras, des difficultés, sorte d'amendes honorables infligées à qui ne veut pas se soumettre.

Bien sûr, il faut des servantes; mais avouons que si nous en trouvons tant de défectueuses, elles participent à notre nature relâchée qui cherche avant tout ses aises et hait le travail.

Mais, direz-vous : l'innocent est puni pour le coupable? Comment cette mère chargée d'enfants se passera-t-elle d'aide?... Qui vous dit qu'elle doit s'en passer? Ce n'est pas où se trouvent une nombreuse famille qu'il est le plus difficile de bien rencontrer. Une bonne a aussi un cœur de femme; par conséquent elle s'attache vite aux enfants; et là où il y a de l'affection (ne dédaignons pas celle de nos serviteurs) il y a relativement un bon service. D'un autre côté, une mère ne peut qu'être touchée de voir les siens l'objet de soins attentifs et dévoués; elle aimera à son tour cette étrangère, sera plus coulante dans bien des cas; un même intérêt unira ces deux femmes qui, sans se l'expliquer, seront heureuses de s'entr'aider dans une tâche où l'une et l'autre se plaisent également.

On a vu souvent des filles s'attacher par les enfants à leurs maîtres; de sorte que, plus tard, les liens étaient si bien formés que la séparation devenait une épreuve de famille, et qu'on avait de la peine à s'y résoudre de part et d'autre.

Il ne faudrait donc pas que toutes restassent sous l'accusation générale. Ici encore il y a de nobles exceptions; seulement, il fallait constater que les tendances actuelles sont antipathiques à la servitude, et qu'il nous faut compter avec cet esprit là.

Si, reprenant l'exemple donné plus haut, c'est le contraire qui ait lieu ; si la personne chargée du soin des enfants, n'est ni digne, ni sûre, combien est à plaindre la mère et bien plus encore les petits êtres confiés à la garde d'une mégère.

Vous en avez vu comme nous, sur la promenade ou ailleurs, de ces petites créatures, parfois malmenées sans rime ni raison par une fille grossière ? On aurait voulu les lui arracher des mains, et des yeux on cherchait la mère. Pourquoi n'était-elle pas là ? Abandonner ainsi à des mains mercenaires des enfants délicats et tendres, ce n'est pas prudent, ce n'est point sage; mieux vaudrait lui confier sa bourse que ses enfants, ils sont de beaucoup plus précieux. Qu'une mère y regarde à deux fois avant de les laisser aux soins d'une servante non éprouvée. Ils peuvent se faire du mal de bien des manières; et ce n'est pas de tomber de la voiture ou autre chose semblable qui peut donner le plus à craindre; il y a pire que cela. L'effet moral, qui me garantit qu'il soit intègre ? Et l'enfant le subit plus qu'on ne croit; en ceci l'âge ne prouve rien.

C'est principalement la question des rapports de l'enfant avec la servante qui doit préoccuper. Son caractère quelque pénible qu'il soit avec nous, cela ne tire pas à conséquence et ne fait du tort qu'à elle-même, en s'aliénant notre sympathie ou notre intérêt; mais il est certain que des enfants, que des jeunes gens ont subi la mauvaise influence de tels gens de service, et qu'il est devenu difficile de les y arracher ensuite. Nous en avons plus d'un exemple présent à la mémoire; on ne saurait donc trop insister sur les précautions à prendre pour garder nos enfants de toute influence délétère.

A côté des mauvaises servantes, celles qui sont réfractaires à toutes réformes, il y a les servantes médiocres : dans cette catégorie, le bon grain est mélangé à l'ivraie. Les unes auraient fait d'excellentes filles de service, si aux débuts elles avaient mieux rencontré; malheureusement elles sont tombées entre des mains incapables de les diriger, de les dresser; le relâchement, la négligence, n'ont point été repris comme il l'eût fallu ou ne ne l'ont pas été du tout; le faux pli est pris; pour sortir de l'ornière, et les amener à prendre une autre direction, cela demande du temps et surtout de la patience, et plus d'une maîtresse regarde cette tâche comme au-dessus de ses forces.

Pourtant, cet essai vaut la peine d'être tenté; car plus d'une fois, les résultats ont dépassé l'attente. Si, à travers ses défauts, vous découvrez du cœur chez une jeune fille, ne désespérez pas; à force de bonté, de support, vous pourrez la transformer en une servante fidèle et dévouée.

Je connais une dame ayant pour réussir, en cela, un don particulier : Plusieurs jeunes filles, dont on n'espérait peu, sont entrées chez elle à la suite l'une de l'autre, et y sont restées cinq ou six ans, jusqu'à leur mariage au reste. La transformation était complète. D'une mise des plus négligée, on les voyait passer à un air propret et décent; puis devenir adroites, actives, enfin des femmes de ménage au vrai sens du mot. Moi qui les vois encore, je peux dire que ce sont des femmes d'ouvriers modèles dans la tenue de leur maison et celle de leurs enfants qu'elles élèvent très bien; même l'une d'elle a un fils de vingt ans qui, après s'être fait remarquer enfant, par sa vive intelligence, a été aidé, et fait maintenant de hautes études.

Il faudrait donc, passant par dessus les désagréments que nous cause au premier abord un caractère indiscipliné, le suivre quelque temps patiemment, en ayant soin de mettre au jour ce qu'il peut avoir de bon. La personne dont je parle et qui sait toujours tirer parti d'une domestique, est dit-on difficile sous bien des rapports; d'où lui vient cet ascendant qui lui fait obtenir ce que tant d'autres, avec les meilleures intentions, n'obtiennent pas.

Malgré son tempéramment nerveux et quelque peu irritable, je lui connais un grand fond de justice et de bonté; ce qui lui serait un auxilliaire insuffisant, si, à cela, elle ne joignait beaucoup de fermeté. C'est une maîtresse conséquente avec elle-même, qui n'attend que ce qu'elle a demandé, et ne demande qu'au moment convenable; ces jeunes filles en arrivaient à l'aimer à l'égal d'une mère; donc il fallait que de leur côté, elles se sentissent aimées. L'affection, n'est-ce pas le levier le plus puissant pour vaincre nos résistances.

Peu à peu, sous son habile et sage direction, le moral, ainsi que l'intellectuel de ses bonnes y gagnait : c'était frappant; il fallait bien qu'elle y mit de son cœur. Une fois que j'allais lui parler, je ne trouvais que sa servante, assez préoccupée de ne pas la voir rentrer, la sachant très enrhumée; et, détail qui me toucha, elle tenait soigneusement à distance du feu, une petite théière où elle venait de préparer une infusion, ce qui ne lui avait point été commandé; je le sus en la faisant causer.

Ceci n'est point un cas exceptionnel; plus d'une maîtresse encore se félicite d'avoir une servante dévouée; presque toujours, si l'on cherche bien, cela les honore l'une et l'autre. Il y eut au début des heurts, soyez en sûrs, quelques mésintelligences, mais à la fin on s'est compris. Qu'a-t-il fallu pour celà? Peu de choses en apparence : un simple cadeau, une bonne parole d'un côté; une aimable prévenance, un léger sacrifice de l'autre; et la confiance mutuelle s'est établie et elle est bien assise.

Qu'on est heureux, lorsqu'on en est là ! Ne plus sentir autour de soi une main mercenaire qui vous seconde de mauvaise grâce et calcule ses obligations, peu disposée d'être en reste de bons offices ! C'est alors qu'on ne sait plus si l'on paye peu ou beaucoup; la question pécuniaire s'efface, on ne voit que le bonheur de vivre ensemble. Quel don précieux qu'un bon serviteur !

Reposons-nous maintenant à considérer la vraie servante. Celle-ci a la main leste, le poignet solide, le coup d'œil prompt; elle aime son travail et s'y complait. Bien mal venu qui porterait une main tant soit peu hardie dans son domaine où elle entend rester souveraine : tant pis si cela multiplie la besogne; qu'on la laisse faire, elle saura bien s'en tirer.

C'est là son caractère propre : il y a des artistes

dans tous les métiers. Son art à elle est de savoir tenir une maison; se sentant de force, elle veut se mouvoir à son aise et supporte difficilement les entraves : tant il est vrai qu'à défaut de défauts, il y a encore ceux de nos qualités. N'importe, ces derniers se peuvent tolérer, car c'est la passion de vouloir trop bien et il est rare que celle-là porte préjudice.

Quelle inestimable acquisition pour une maîtresse qui rencontre une servante de ce calibre; elle peut dormir alors sur ses deux oreillers. Une fille de ce caractère sera, non-seulement active, mais propre, ordonnée, et au besoin plus économe que sa maîtresse qui s'entendra de temps à autre reprocher ses prodigalités.

Cela, je l'ai vu; et c'était vraiment amusant d'entendre une toute jeune fille, morigénant sa maîtresse qui avait le double de son âge; celle-ci en a ri plus d'une fois avec ses amies, ce qui ne l'empêchait pas de regarder sa bonne comme un trésor.

C'était joli de voir sur quel pied d'estime réciproque vivait ces deux femmes. L'une, esprit tout à fait supérieur, s'en référant dans mille détails aux avis de celle qui la servait; l'autre, les donnant avec la plus grande déférence, sans jamais chercher à se prévaloir de cet avantage.

N'est-ce pas ici le cas de rappeler que toute position peut avoir sa dignité et être rehaussée par le caractère de ceux qui l'occupent. Chacun, cela est indiscutable, a droit à la part de respect dû à toute créature humaine, libre et intelligente; il suffit pour cela de le vouloir et d'y tenir.

Une grande dame avait un jour la baronne de C...

en visite au moment où elle recevait une lettre d'une ancienne femme de chambre, mariée depuis une dizaine d'années et qui lui écrivait toujours régulièrement; l'ayant ouverte, elle en fit la lecture à haute voix. La distinction du fond et de la forme frappa la la baronne; et après avoir exprimé son étonnement qu'une femme non cultivée pût s'exprimer aussi facilement, elle ajouta : quand on pense bien, on écrit bien.

La remarque est très simple, mais elle dit bien ce qui est. Qui empêche en effet qu'une domestique tienne son rang comme tout autre? Sa position est nullement inférieure à celle d'une ouvrière par exemple. Elle est plus assidue, plus attachée, c'est possible, mais il y a compensation; et j'estime que se faire une place au sein d'nne famille, c'est quelque chose, quoi qu'on dise; l'intérêt qu'on lui porte sera tout différent de celui que portent des clients à leur lingère ou à leur couturière. Qui empêche également que cette femme ne soit regardée comme un membre utile de la société? Elle l'est justement et un des plus utiles. Qui la remplacerait dans certaines fonctions? qui soignerait mieux nos enfants et nous donnerait ses veilles? Ainsi j'en arrive à dire que l'obligation d'être dépendant n'empêche pas le developpement de l'être moral; que nos servantes peuvent nous suivre et quelquefois nous dépasser, quand elles-mêmes sentent leur responsabilité et prennent leur tâche au sérieux.

De quel bon et salutaire exemple est pour une maison une servante fidèle; comme on s'appuie volontiers sur son savoir faire et sa probité. L'homme est honoré par son travail; sa première et sa plus haute récompense, c'est qu'on dise autour de lui : il fait bien. S'il en est qui se sentent humiliées d'une position qui semble devoir arrêter tout élan et les clouer dans un froid terre à terre, qu'elles se souviennent que tous nous plions sous quelques chaînes et que les plus lourdes ne sont pas les plus apparentes; si elles pouvaient pénétrer dans le for intime de ceux qu'elles servent, plus d'une fois, elles se féliciteraient du lot qui leur est échu.

Lorsqu'une jeune fille entre au service de telle famille distinguée, presque toujours son développement y gagne. Elle s'identifie peu à peu avec chacun des membres dont elle apprend sans cesse, soit une chose, soit l'autre : de sorte qu'il lui a été plus avantageux d'un côté, de vivre aux gages dans cet intérieur, qu'être restée plus ou moins indépendante chez elle où cet avantage lui eut manqué.

Il nous semble que ces quelques remarques ont leur raison d'être par le temps qui court où l'envie, le mauvais vouloir sont plus que jamais à l'œuvre. On est pris de pitié pour ces classes inférieures, intéressantes à tant d'égards, mais qu'on sent aigries et jalouses. Contre qui ? Et de qui ?—Ah ! qu'elles ont tort ! — Contre ceux, hélas ! qui, tout comme elles, sont mêlés à la lutte pour l'existence et qu'atteignent souvent les plus rudes coups; car c'est toujours celui qui a plus qui risque davantage.

Cherchons maintenant à établir une juste balance entre les obligations de ceux qui servent et ceux qui sont servis.

Là où doit se trouver le plus de support, c'est évidemment du côté où l'instruction est plus développée : ce devoir incombe surtout à la maîtresse.

Si notre servante a un mauvais caractère, est sur les épines à la moindre observation, gardons notre sang-froid, mais tenons ferme; celle-là a besoin de trouver son maître et notre calme seul pourra la dominer. Il y a de ces natures brouillonnes, qui voient tout de travers; essayons de rectifier ce jugement mal sain, mais ne capitulons pas. Les progrès seront lents, nous serons rebutés plus d'une fois : allons jusqu'au bout; nous pouvons faire un bien immense à cette femme si nous l'amenons à connaître seulement quelques-uns de ses défauts. Nous lasser plus tôt, serait coupable; souvenons-nous que nous sommes gardiens de nos frères et responsables les uns à l'égard des autres : que cela paraisse une superfluité à quelques-uns, c'est possible; toute conscience droite, je m'assure, se rangera à cet avis.

On ne réussit pas toujours, mais le devoir d'essayer subsiste quand même. Plus d'une maîtresse hélas ! se souvient avec tristesse de telle jeune fille qui s'est soustraite malgré tout à son influence; s'en désole, quoiqu'il n'y ait pas de sa faute, apprenant qu'elle a mal tourné.

Au fait, c'est ce qui arrive toujours. Il faut en effet, qu'une fille soit bien décidée à se conduire mal, si elle reste insensible à un intérêt réel, aux conseils affectueux que lui donne une maîtresse expérimentée et bienveillante. Hélas ! que nous en avons vu de ces malheureuses perdre leur gain et leur avenir pour un faux mirage ! Il ne reste plus qu'à les plaindre de s'être raidies contre des avis maternels.

Le contraire se voit aussi. Il peut arriver qu'une servante bien disposée rencontre une maitresse difficile à l'excès; ce qui fait que bientôt, ne sachant plus où donner de la tête, son caractère se gâte et peut devenir méconnaissable. On l'avait engagée justement parce qu'elle avait été présentée comme ayant les qualités requises, et la maitresse ne considère pas que sa manière d'agir la tue, qu'elle va faire, par sa tyrannie, une mauvaise servante d'une personne qui, jusque là, a contenté ceux qu'elle a servis.

Plaignons les infortunés que le sort a courbés sous le joug, ils ne sont pas toujours au large : il est encore bien des sortes d'esclavage de notre temps. Beaucoup ne se font pas scrupule de fouler ceux qui sont sous leur dépendance : c'est honteux, c'est bas, mais cela se voit. — Retenons ceci; et par notre maladresse ou notre dureté, prenons garde de ne pas amasser de sourdes colères chez ceux qui plient sous le faix; ils pourraient bien un jour relever la tête et appeler la vengeance. Aimons nos ouvriers, aimons nos serviteurs ; c'est la seule manière, au reste, de nous les attacher et d'en faire des aides vraiment dévoués et reconnaissants.

Ces lignes s'adressent tout particulièrement aux femmes. C'est à elles qu'on vient le plus souvent pour les affaires intérieures ; c'est à la femme que revient surtout la direction du personnel de sa maison; elle peut donc beaucoup pour l'amélioration de ses serviteurs au point de vue matériel et moral. Pour cela il lui faut un talent spécial, fait de tact et de courage. L'ordre avec lequel elle présidera à tout et qui peut aussi s'acquérir, en donnera à ceux qui y sont le moins portés, et, par la sage distribution qu'elle fera de ses ressources, elle leur inspirera l'économie. « L'œil de la servante regarde à la maîtresse. » Que ne peut celle-ci par la seule influence de son exemple ?

Toujours digne, point familière, mais prompte à voir les besoins de tous, elle se fera chérir de ses subordonnés. Une haute valeur morale ne peut passer inaperçue, et chacun est bien aise de vivre à l'ombre de tant de qualités et de tant de vertus. On a vu plus d'une fois de belles et riches natures s'attacher invinciblement ceux qui les approchaient; être servies avec affection, un dévouement complet. Point d'esprit mercenaire dans leur entourage : le cœur devine, les pieds volent. — Et qui a fait cela ? Voulez-vous le savoir?... — C'est que leur âme est aussi bonne qu'elle est grande ; et la vraie bonté, qui dira ses attraits et ses conquêtes ! C'est la bonté que nous cherchons tous ici-bas ; elle est si rare ! Ah ! quand nous l'avons trouvée, combien il nous en coûte d'y renoncer, je veux dire de réapprendre à vivre sans elle.

Être bon, est-ce donc si difficile ? La bonté ne devrait-elle pas être l'apanage naturel de la femme, sa qualité prépondérante, son premier ornement ? Ce n'est pas toujours le cas ; et je crois que, toute proportion gardée, on la trouve plutôt chez l'homme que chez nous. Notre grand défaut est d'être raisonneuses, nous marchandons davantage; nous voulons bien donner, mais à la condition de recevoir au double, ce qui nous rend souvent injustes.

Ici, il s'agit d'aide et de protection envers nos

semblables moins favorisées; je m'assure même que parmi les femmes qui me lisent, plus d'une pense avec moi : ce n'est pas assez. Non, vraiment, ce n'est pas assez; car, à la sympathie, il faut joindre la charité, l'amour. Quand chacun verra en son prochain son frère, il y aura plus d'indulgence entre les hommes, plus de vraie confraternité. Nous sommes tous de même race; un peu plus haut, un peu plus bas sur l'échelle du rang social, n'est point fait pour nous le faire oublier; et c'est ici, mieux que jamais, le lieu de rappeler ce grand précepte : « Fais aux autres ce que tu voudrais qu'on te fît. »

Dans notre société française, il y a plus d'un désaccord qu'on ne verra pas de si tôt disparaître; mais un grand pas serait fait vers la pacification des esprits, le jour où les classes aisées se rapprocheraient des petits, s'occuperaient un peu plus de leurs besoins et de leurs détresses.

Cette occasion est tout naturellement fournie par l'entrée d'une jeune fille pauvre dans telle famille aisée. Par elle, celle-ci peut étendre ses bienfaits sur tout un monde qui les recevrait comme un don du ciel, et apprendrait ainsi à bénir la main qui a fait les riches pour secourir les pauvres.

VII

NOS INSTITUTRICES

Il est une femme que nous ne saurions passer sous silence, car elle est partout et fait partie du corps social. C'est, croyons-nous, de ce côté que la femme française tient la plus grande place dans la vie publique : nous voulons parler de celle qui enseigne.

L'Institutrice est une femme à part. Pour être vraiment à la hauteur de sa tâche, il lui faut réunir, entendez le bien, tous ces différents caractères : amour des enfants, oubli de soi, exactitude, activité, énergie ; savoir, en un mot, mener de front, tout à la fois le côté intellectuel, moral et pratique de la vie. Elle n'est point aux gages, et cependant elle est la servante de tous; sa vocation est des plus nobles, et sa situation parfois des plus précaires; sa tâche toujours délicate et rude en même temps. Elle doit se plier aux exigences d'une infinité de natures tout opposées à la sienne et rester souvent dans le terre à terre avec des esprits bornés à dégrossir, quand son âme se plaît à l'élévation de la pensée et à la contemplation des chefs-d'œuvre.

La véritable institutrice est tout cela; elle ne le serait pas qu'elle s'oblige à l'être. On ne saura jamais l'effort qu'elle déploie pour ne pas se rebuter devant une ineptie incurable ou avec une nature inconsciante et sans cœur.

On peut se demander comment tant de jeunes filles embrassent cette carrière; car, selon moi, elle décuple les ressources d'une énergie ordinaire. Celles qui en ont fait l'affaire de leur vie, dont c'était la vocation innée, sont bien souvent trahies par leurs propres forces; ce besoin de hâter le développement des pupilles confiées à leurs soins, de les conduire à la hauteur où elles les voudraient, est comme un feu qui les dévore et les use avant le temps. Enfanter un être à la vie intellectuelle et morale, voir poindre en lui ces germes précieux; c'est le plus souvent dans l'angoisse d'un côté et la rebellion de l'autre. — Quel long et rude travail! Quel ingrat et décevant labeur! sans compter toutes les influences délétères qui viennent à l'encontre de ces efforts, et ralentir, sinon détruire ce développement.

On ne donne pas à l'institutrice en France, la place qu'elle mérite; il faut même reconnaître qu'elle est, dans bien des localités, sous une espèce de suspicion qui est loin de la grandir aux yeux du vulgaire.

D'où vient cela? — De bien des causes diverses. — S'il y a de dignes, d'excellentes maîtresses, nous n'ignorons pas que trop encore prêtent le flanc à la critique. Mais ici, c'est comme partout ailleurs. Chaque classe de la société fournit son contingent de rebut, d'êtres vicieux; seulement, et c'est là un éloge inconscient fait au corps enseignant, on comprend que dans cette tâche plus qu'en toute autre se trouve la responsabilité morale, la charge d'âme; et naturellement on s'attend à ce que ceux qui, volontairement, choisissent cette carrière, y entrent avec les forces voulues qu'on suppose pesées et sérieusement examinées. Voilà pourquoi, aussi, lorsqu'il arrive qu'une institutrice commet une faute ou fait naufrage, sa défection est d'autant plus remarquée et plus sévèrement jugée.

A celles qui sont sur le seuil de l'enseignement, on ne saurait trop redire : regardez-y à deux fois avant de le franchir. Ce n'est pas un métier ou un art à choisir; c'est une vocation à embrasser, un véritable sacerdoce à exercer; oui, réfléchissez-y mûrement, la responsabilité est immense! Et ici les effets sont rétroactifs; car, ils vont de l'enfant à la mère, puis de l'enfant encore à la mère future. N'est-ce pas bien sérieux ? N'y a-t-il pas de quoi trembler devant une charge aussi redoutable ?

Ce que nous avons dit ici des mères, nous pourrions le répéter des institutrices. Elles sont les éducatrices des générations futures, de concert avec l'homme qui enseigne ; il faut qu'elles aient présent à la pensée ce but qu'elles n'entrevoient qu'à demi, mais auquel leurs efforts, leur travail, les conduit. Une enfant est tout aussi à plaindre d'avoir une mauvaise institutrice qu'une mauvaise mère; voilà une épithète qui sonne mal avec le nom, on les dirait incompatibles; pourtant il en est qui ne les justifient que trop.

D'un autre côté, il est certain que jamais notre pays n'a eu à son service tant de dévouement. Il y a chez le plus grand nombre de nos directrices un amour réel de leur tâche, un oubli d'elles-mêmes admirable et une activité que rien ne lasse. Tant d'efforts dépensés, tant de cœur mis à l'œuvre n'aboutirait-il à rien? Impossible que non; le développement intellectuel de nos jeunes filles se remarquera, il se remarque déjà; en sera-t-il de même du développement moral?

Sur ce point, on est plus lent à décider; tant il est vrai que ce sont deux parties bien distinctes de notre être et qu'il faut absolument en tenir compte si l'on veut donner à chacun l'aliment qui lui convient. Nous sommes donc en face de deux buts à poursuivre, de deux systèmes à mener de front; et quel tact il faut, quelleprévoyance, pour faire qu'ils marchent parallèllement, sans se heurter, sans s'attendre, mais se suivent, s'appellent et s'aident pour ainsi dire l'un l'autre.

Voilà ce qui manque à la plupart de nos institutrices. Elles sont on ne peut mieux qualifiées pour suivre une méthode progressive, éveiller l'intelligence, en tirer des prodiges; mais le plus souvent c'est au détriment de l'être moral qui est négligé, auquel on ne pense que tardivement et comme à quelqu'un qui a tout le loisir d'attendre.

C'est un tort, un tort sérieux. Il est de la dernière importance de placer l'enfant, dès qu'il est raisonnable, en face de ses devoirs, de sa propre responsabilité. De cette manière, on lui fera comprendre peu à peu qu'il tient aussi sa place de créature responsable dans la vie, qu'il y joue un rôle, que ses actes ont une portée qui en atteint d'autres que lui-même, que rien n'est indifférent dans le bien ou dans le mal qu'on peut faire.

L'instruction civique peut, à un haut degré, donner à l'enfant l'amour de son pays et le respect de ses institutions; le même résultat doit s'obtenir dans le domaine moral, par l'instruction morale. Par elle, il doit être amené à estimer, à aimer la vie dans son côté sublime et élevé; on ne l'entretiendra jamais assez des vertus qu'il doit s'efforcer d'acquérir pour devenir un membre utile, honoré de la société. Mais surtout, on n'oubliera pas que la source de ces vertus est en Dieu qui seul est l'être parfait et bon par excellence, et qu'en cherchant par des efforts sincères à devenir meilleur on se rapproche de son image, ce qui doit devenir la suprême ambition d'une créature immortelle.

Cet être intérieur qu'on veut voir s'épanouir et grandir, répondre en un mot à sa haute destinée, se comprendra-t-il lui-même, si on ne lui parle de son essence toute divine et du devoir de se montrer digne d'une telle origine ? Chacun comprendra ici quelle fausse route font ceux qui comptent appuyer cet enseignement sur un idéal tout humain. Le vide nécessairement se fera sentir au fond de leurs meilleurs arguments; et l'enfant, qui saisit avec une promptitude sans égale, démêlera bien vite qu'il n'y a là qu'un fantôme insaisissable dont il se détournera avec dégoût, non sans s'être demandé si on ne se joue pas de lui.

Ah ! prenons garde de ne pas fausser le sens moral

chez nos enfants ; c'est un tort parfois irréparable. Ne savons-nous pas combien il est difficile d'extirper une mauvaise semence dès qu'elle a pris racine quelque part ?

L'institutrice, avons-nous dit, est un être complexe qui, plus qu'aucune autre, doit se faire tout à tous. Chercher à développer l'intellectuel et le moral de ses élèves n'est donc qu'une partie de son devoir ; elle a encore à former leurs habitudes, ou du moins à travailler à les former.

On se récriera, peut-être, en disant que nous lui demandons là l'impossible. Nous laissons dire ; car, dans quelques instants nous lui demanderons plus encore.

Oui, elle peut vraiment beaucoup pour réformer certains plis pris par une enfant mal dirigée ou ayant manqué de direction. Une classe, c'est tout un monde, on doit y apprendre de tout, moins le mal. L'institutrice perspicace et expérimentée saura bien trouver le moyen d'initier son jeune auditoire à mille détails concernant la tâche féminine et de l'y intéresser ; pas n'est besoin pour cela qu'elle empiète sur telle leçon ou s'écarte du programme. Quant à l'ordre et à la propreté, c'est une autre affaire ; ils s'obtiennent, mais il faut pour cela tenir bon, car leurs contraires sont deux mauvaises plantes difficiles à déraciner.

La coquetterie non plus ne tiendra jamais devant une personne supérieure, qui cherche nullement à poser par une mise recherchée ; il est une simple élégance que devraient adopter toutes celles qui ont à se tenir devant nos jeunes filles. A quoi servent ces colifichets, ces tours de force en habillements qui les chamarrent, les bariolent et en font plutôt des figurantes de théâtre ? Donc, la simplicité, une simplicité de bon aloi qui n'exclut pas le goût, mais convient à des personnes sérieuses poursuivant une tâche des plus sérieuses : enseignement qui a bien sa valeur par ce temps de luxe à outrance.

Leur langage sera aussi plus ou moins copié. Je m'étonnais une fois d'entendre une petite fille de six ans, à la campagne, répéter en jouant, à plusieurs reprises : c'est intolérable ! c'est intolérable ! terme bien innoffensif, mais d'où le tenait-elle ?

Eviter la rudesse dans les expressions est d'une nécessité péremptoire pour ceux qui enseignent. Que de fois, dans l'emportement d'un zèle tout légitime, il leur échappe telle expression qu'ils regrettent ensuite. Il est difficile, après s'être ainsi excité, de retrouver cet état d'esprit qui fait qu'on se possède et donne cette assurance que l'enfant devine et subit, le meilleur auxiliaire au reste, pour le tenir dans le respect de la discipline.

La dignité du langage est inséparable de celle du caractère : l'une dévoile l'autre. C'est à l'école que l'enfant apprendra surtout à s'exprimer bien ou mal, et en cela la part qui en revient à la maîtresse est de toute la première : le ton qu'elle prendra avec ses élèves, celles-ci le prendront à leur tour avec leurs camarades, avec leurs parents et ailleurs.

Les bonnes habitudes ne se montrent pas seulement dans le caractère, dans la tenue ou le langage, on les remarque aussi dans les doigts de l'enfant. Qu'on la laisse faire, qu'on l'habitue de bonne heure

7

à payer de sa personne dans les petites exigences d'une classe; c'est une préparation on ne peut plus utile et des mieux appropriées.

J'ai vu mainte enfant ne sachant pas tenir le balai chez elle, faire sa semaine à l'école à la plus grande satisfaction de sa maîtresse, laquelle profitait de l'avoir sous la main pour l'exercer et lui demander une foule de petits services que l'enfant était heureuse et fière de lui rendre : innocent manège, qui peu à peu l'a dégrossie et mis au jour des facultés endormies. La mère ne sait pas toujours tirer parti de son enfant : ou elle n'en prend pas la peine, ou elle s'y prend mal.

Lorsqu'une maîtresse a de l'exactitude, trouve les choses dès qu'elle en a besoin, redresse avec habileté et promptitude ce qui va mal, si rien n'échappe à sa vigilance et ne l'embarasse, l'enfant subira malgré elle cet exemple d'un savoir faire de tous les instants, admirera une méthode qui simplifie toutes choses et voudra à son tour en faire l'essai; si, enfin, elle se montre toujours d'une propreté irréprochable sur elle-même, l'élève apprendra à la rechercher et à s'y plaire.

L'institutrice a aussi une mission d'amour. Oui, elle doit suivre l'enfant pas à pas dans son développement général, deviner ses aptitudes et mettre tout son talent à les multiplier; mais elle doit surtout aimer. L'affection, c'est la rosée bienfaisante qui fait croître et grandir la plante, aide à son épanouissement, et cette rosée, on peut le dire, retombe sur l'institutrice aimante en bénédictions, c'est-à-dire qu'elle retrouve en reconnaissance, en admiration, en respect, en tendresse, dix fois plus qu'elle ne donne. Aussi, où voyons-nous des institutrices heureuses? Ce sont celles qui, sans calcul, sans parcimonie, sans préférence, poursuivent leur tâche avec leur âme généreuse et maternelle, se prodiguant, se dépensant sans paraître même y songer. Comment des enfants ne s'attacheraient-elles pas à celle qui leur donne ainsi le meilleur de sa vie? S'il y en a d'ingrates, elles se comptent; il en reste bien assez pour réjouir et reposer le cœur de celle qui se dévoue.

Toute institutrice qui veut que son œuvre demeure, doit commencer par là. Elle n'a point d'abord à se demander si elle sera payée de retour, ou faire choix des natures les plus sympathiques. Non! sur toutes les enfants confiées à ses soins, sans distinction aucune, doit s'étendre, comme un rayon bienfaisant, la chaleur de son cœur aimant, et si une prédilection lui était permise, il va de soi que ce serait en faveur des moins bien partagées; elle condescendra même à s'occuper de détails rebutants, s'il le faut, avec une enfant privée des soins maternels ou que le malheur a fait naître dans la misère; c'est alors qu'elle trouvera une compensation, si elle-même est privée d'enfants à chérir et à soigner.

Pouvoir donner à une petite créature isolée et souvent mal venue quelque chose des soins attentifs et affectueux d'une mère, n'est-ce pas un privilège enviable? Adoucir ce que la vie a de trop rude sous ses jeunes pas, en lui préparant, soit le vêtement qui lui manque pour la saison soit en lui donnant quelques reliefs de sa table, n'est-ce pas aussi un délassement? Cela coûte si peu et suffit parfois à procurer le bien être à un petit corps mal vêtu ou à restaurer son estomac délabré.

Une femme d'esprit fera tout cela d'une main légère et discrète; les objets de sa sollicitude se douteront à peine que son regard les suit. Ils ne sentiront point peser sur eux sa surveillance; car elle les traitera à l'égal des autres en tout et pour tout : détail aussi nécessaire pour rabattre les prétentions de certaines petites personnes toujours prêtes à s'arroger des droits sur ceci, sur cela, en vertu de je ne sais quels titres, si ce n'est de porter collerettes et rubans sur leur tablier d'écolière.

L'Institutrice qui croirait sa tâche finie lorsque l'élève a franchi la porte de la rue, se tromperait grandement; c'est par là que nous voulions conclure. Bornons-nous à cette seule remarque qu'elle doit, autant que faire se peut, savoir dans quel milieu vit son élève; ce point acquis, la méthode ou plutôt la règle à suivre avec chacune lui sera de beaucoup simplifiée. C'est donc à la clairvoyance, au tact, autant qu'à l'intelligence d'une maîtresse, qu'est remis le soin de reprendre, de corriger, d'instruire.

Il serait trop long d'énumérer ici toutes les voies ouvertes à sa protection, à sa sympathie, comme à son autorité; c'est, nous l'avons dit, une mission délicate, mais grande aussi, sainte et belle et qu'on peut placer au premier rang parmi tant d'autres excellentes. Un homme qui a remué le monde par sa parole puissante (1) a dit, que s'il avait pu choisir, il aurait voulu être maître d'école.

(1) Luther.

Voilà quant aux rapports de l'institutrice avec ses élèves; voyons pour ce qui la concerne elle-même.

Aujourd'hui, la maitresse a une tâche qui ne finit jamais : programme chargé à l'école, corrections à la maison, pour peut qu'elle ait une classe nombreuse, tout son temps est pris; elle sort donc rarement. Celle qui a de la famille peut s'en passer, sa vie se trouve assez remplie comme cela; mais une demoiselle ne saurait vivre constamment seule, il lui faut une fois ou l'autre sortir d'elle-même, se distraire. — Nous touchons là un point délicat.

Chaque jour en contact avec les enfants du peuple, l'institutrice ne sera pas, quelle que soit sa supériorité, ses talents, admise dans la société choisie d'une localité; (cela se voit pourtant quelquefois.) D'un autre côté, son caractère de femme bien élevée répugne à se mêler aux gens du commun; de sorte que souvent, il lui est difficile de se faire des relations; même alors qu'elle rencontre des égaux, des collègues bienveillants, quel tact, quelle prudence, il lui faut apporter dans son choix. Que de fois la fréquentation de tel milieu a porté préjudice à une jeune fille naïve et inexpérimentée.

Etant donné que la solitude est impossible et même nuisible, il faut donc une société à l'institutrice; mais qu'elle fasse attention; le moins sera le mieux : peu d'amis, mais sûrs; si elle peut les trouver, qu'elle s'y tienne, et encore nous lui conseillerons la réserve, la retenue, qui seules donneront du repos à sa vie.

Ce qui précède ne doit pas laisser croire que cette règle, bonne à suivre dans bien des cas, la dispense de tout égard vis-à-vis de ceux qui sont au-dessus ou au-dessous des personnes qu'elle fréquente; non, assurément. Quand les circonstances le demandent, elle sera là où il est convenable que sa présence soit remarquée; elle ira partout avec confiance, forte dans le sentiment qu'elle fait ce qu'elle doit et ne se laissera arrêter ni par tel préjugé ni par une sotte timidité.

Nous sommes forcés de faire ici une digression et pour être dans le vrai, reconnaître que plus d'une maîtresse, par sa négligence, sa conduite équivoque, encourt la malveillance de son entourage et tombe parfois sous le coup du mépris public. On ne devrait pas tolérer ces taches dans le corps enseignant; il participe ensuite de la faute sans être coupable et une ombre en rejaillit sur l'ensemble tout entier. Quand une institutrice donne des preuves palpables de sa légèreté, j'estime qu'elle usurpe sa place : on ne met pas des loups dans la bergerie; il est impossible que celle qui ne sait pas se garder elle-même puisse conduire sûrement les autres. Maintenant où l'on fait dans l'enseignement une place si importante (ce n'est que juste) à la morale, quel sera, je me le demande, l'enseignement de ces personnes là? Elles le mettront de côté, je pense; autrement, ne voyez-vous pas d'ici quelle comédie? Les enfants peuvent-elles prendre au sérieux un enseignement donné dans de pareilles conditions? n'est-ce pas les conduire à faire fi de tout ce qui est noble et sacré? Pourquoi les exposer à y trouver un sujet de moquerie et de satire?

Ah! ne donnons à nos enfants que des maîtres

dignes de parler à leur âme jeune et tendre et préservons-les de tout contact profane; qu'au moins ceux qui sont chargés de les diriger soient capables, à défaut de talents, de leur montrer une vie pure et intacte. Sous ce rapport, il y aurait beaucoup à émonder surtout parmi les jeunes; l'esprit du siècle déteint trop sur nos futures maîtresses; ce n'est pas toujours assez que la plupart soient placées sous la tutelle d'une directrice. On ne peut pas, je le sais, demander à la jeunesse un sérieux de tous les instants, il lui faut de temps à autre une détente. Oui, la gaîté est nécessaire, c'est l'huile qui assouplit les rouages; mais entre légèreté et gaîté il y a une barrière nettement définie : celle-ci est franche, de bon aloi, elle rayonne et fait du bien; l'autre s'observe, se compose pour faire ensuite ses coups de théâtre, quand elle se sait dans son élément. Il faudrait un critère pour peser toutes ces non-valeurs et les mettre hors d'usage, car c'est tout autant d'ivraie jetée parmi le bon grain; malheureusement, cette semence là lève aussi et nous savons qu'elle peut étouffer ce dernier ou lui faire un tort incalculable.

Inutile d'insister, chacun comprend. Ce sont des faits transmis au loin et qui font parfois un bruit égal à la foudre qui éclate. Il faut avoir des yeux pour ne point voir, si l'on ne remarque pas qu'à l'heure actuelle, ces sortes de scandales n'ont jamais été plus fréquents. Que se passe-t-il donc ? Quel est ce souffle malsain qui plane sur notre société pour l'atteindre ainsi dans ce qui devrait être surtout inattaquable ? Etait-on plus prudent autrefois dans le choix des sujets ? Ou le nombre de celles qu'on reçoit dépassant celui d'alors, explique-t-il cet état de choses? On sait en effet que, prise en masse, toute association d'individus fournit nécessairement plus de médiocrités que de valeurs réelles.

Nous avons besoin de croire à cette dernière déduction, car il serait trop triste de penser que le niveau moral ait baissé à ce point, et il nous faut de la confiance pour le présent et pour l'avenir. Qu'y-a-t-il d'inquiétant comme la perspective de voir nos enfants sous une tutelle peu recommandable?

Qu'une institutrice sérieuse soit tenue pour ce qu'elle est, c'est son droit; quant à celle qui, par ses inconséquences, jette de la défaveur sur une vocation qu'elle n'est pas digne de poursuivre, elle ne mérite aucune indulgence; la faute est trop grave en conséquences. Si encore elle ne faisait tort qu'à elle-même nous serions peut-être moins sévère; mais nous savons trop qu'il n'en est point ainsi et que parfois toute une catégorie de personnes irréprochables en souffrent indirectement. Qui se plait à voir le mal, le verra chez tous les affiliés d'une même cause quand il l'a vu chez quelques-uns.

Tout ceci, nous l'avons dit avec une véritable sympathie pour la femme qui fait l'objet de cette étude; mille petits détails auraient dû trouver ici leur place; nous les écartons, en voilà assez sur ce point. Quelques-unes peut-être, en lisant ces pages, y chercheront le mot de leur situation : il en est de bien difficile?... Que de difficultés en effet de tous genres, venant des parents, venant des enfants, de la localité, de ses collègues, rarement de ses chefs : une grande équité, on doit le reconnaître, préside aux rapports des supérieurs à leurs subordonnés dans l'Administration scolaire; quiconque fait son devoir consciencieusement sera sûr d'être appuyé s'il le faut, contre des menées tracassières ou envieuses.

Et maintenant, à celles qui se tourmentent de l'aridité de leur tâche et que le découragement atteint, je dirai : prenez la devise de lord Kingsley « Nous avons aimé, nous aimons, nous aimerons. » Et vous défierez la lassitude, la tristesse. Semez, semez toujours, même quand le terrain est le plus rebutant, le jour de la moisson viendra soyez-en sûres. Rien n'est propre à ranimer notre courage comme cette persuasion intime de la victoire malgré tout; elle est promise au cœur vaillant : tout est possible à celui qui persévère. Ne désespérons jamais. Dans les plus mauvais jours, lorsque tous nos efforts paraissent ou détruits ou méconnus, reprenons possession de nous-mêmes. Nous nous sommes donnés à notre œuvre corps et âme; il semble même qu'à certain moment, elle nous a pris une partie de notre vie, cela doit suffire; n'étant que des instruments, nous avons travaillé selon nos forces qui n'ont pas le pouvoir de créer et de produire au gré de nos désirs. Il est besoin ici de patience, de même qu'il en faut au cultivateur quand il confie la semence à la terre pour ne recuillir le fruit de sa peine qu'après de longs mois d'attente; si même il arrive que d'autres récoltent où nous avons semé, une chose pourtant nous demeure : ce sont les fruits bénis de notre activité intérieure, de nos efforts sur nous-mêmes, du travail de l'âme.

Qu'importe que nous soyons celui qui défriche, qui

sème ou qui recueille, nous sommes tous coouvriers dans le vaste champ de l'éducation nationale. La part de vérité que nous nous sommes efforcés d'y répandre, ne trouvera-t-elle pas son lieu pour germer et fructifier ? Rappelons-nous, lorsque nous serions tentés d'en douter, que même un verre d'eau froide donné avec amour ne perd point sa récompense.

Notre tâche est de celle qui se font sans bruit, cependant je la vois pleine de privilèges et de grandeur; elle mérite de remplir une longue vie. Toute femme qui l'aime n'y renonce pas sans regret; et plus d'une, ayant déjà blanchi sous le harnais, vous dirait comme cette aimable institutrice à laquelle on conseillait le repos : « Je ne sais pas faire autre chose ».

TABLE DES MATIÈRES

DU MÊME AUTEUR :

Les Hommes de mon temps.

www.ingramcontent.com/pod-product-compliance
Ingram Content Group UK Ltd.
Pitfield, Milton Keynes, MK11 3LW, UK
UKHW021546260726
13993UKWH00002B/654

9 782019 673826